Sorge dich nicht – hoffe!

Anselm Grün / Tomáš Halík
Stefan Oster / Sr. Teresa Zukic u. a.

Sorge dich nicht – hoffe!

Die Wunderheilungen Jesu

benno

Bibliografische Information der Deutschen Nationalbibliothek
Die Deutsche Nationalbibliothek verzeichnet diese Publikation in der Deutschen Nationalbibliografie; detaillierte bibliografische Informationen sind im Internet über http://dnb.d-nb.de abrufbar.

Besuchen Sie uns im Internet:
www.st-benno.de

Gern informieren wir Sie unverbindlich und aktuell auch in unserem Newsletter zum Verlagsprogramm, zu Neuerscheinungen und Aktionen. Einfach anmelden unter www.st-benno.de

ISBN 978-3-7462-5694-8

Zusammenstellung: Patricia Fritsch, Leipzig
Umschlaggestaltung: Rungwerth Design, Düsseldorf
Umschlagabbildung: © emmi/Fotolia
Gesamtherstellung: Kontext, Dresden (A)

Inhaltsverzeichnis

Dietrich Bonhoeffer: Der beste Arzt 7

Bischof Stefan Oster SDB: Heil und Heilung 13

Bischof Dr. Franz-Josef Overbeck: Die Heilung eines Taubstummen 19

Anselm Grün: Die Heilung der gekrümmten Frau 25

Sr. Teresa Zukic: Der große Glaube der heidnischen Frau 31

Tomáš Halík: Die Heilung der blutflüssigen Frau 35

Dietrich Bonhoeffer: Die Heilung des besessenen Sohnes 41

Prof. Dr. Martin Hein: Der Hauptmann von Kafarnaum 49

Veronika Besau: Die Auferweckung des Lazarus 57

Almuth Voll: Die Auferweckung der Tochter des Jaïrus 61

Papst Franziskus: Der dankbare Samariter 65

Papst Benedikt XVI.: Die Heilung des blinden Bartimäus 69

Bischof Dr. Stephan Ackermann: Er hat unsere Krankheit auf sich geladen 75

Der beste Arzt

Mitten in der herrlichen Natur sehen wir, wie ein gelähmtes Kind im Rollstuhl gefahren wird. Wer noch ein Herz hat, das nicht völlig stumpf geworden ist für den Nächsten, dem wird es im Augenblick klar, dass hier etwas in unserer Welt nicht in Ordnung ist, dass die Welt, in der dieses Bild der Qual und der Trauer möglich ist, nicht die ursprüngliche Schöpfung Gottes ist. Hier ist etwas Widergöttliches in die Welt eingebrochen. Die Welt ist von ihrem Ursprung abgefallen, zerstörende Mächte haben in ihr Gewalt gewonnen. Nur in einer gottlos gewordenen Welt gibt es Krankheit. Weil die Welt an Gott selbst krankt, darum gibt es kranke Menschen. Nur eine Welt, die wieder ganz in Gott geborgen wäre, eine erlöste Welt, würde ohne Krankheit sein.
In der Bibel begegnet uns ein seltsames Wort: „Und er suchte auch in seiner Krankheit den Herrn nicht, sondern die Ärzte" (2. Chronik 16,12). Es handelt sich dort um einen frommen Mann, dem die Bibel sonst hohes Lob zollt für seinen Eifer um die Sache Gottes. Aber dieser Mann dachte bei aller Frömmigkeit darin sehr modern, dass er streng unterschied zwischen den Dingen der Religion, in denen man sich an Gott wendet, und den irdischen Dingen, in denen man sich bei irdischen Stellen Hilfe holt. Krankheiten, besonders leibliche Krankheiten sind irdische Angelegenheiten mit irdischen Ursachen und irdischen Heilmitteln. Krankheiten gehören also vor den Arzt, aber nicht vor Gott. Wie dürfte man auch Gott, den Herrn der Welt, mit seinen kleinen leiblichen Übeln belästigen? Gott hat andere Sorgen.

Das ist ganz vernünftig und vielleicht auch ganz religiös gedacht. Aber es ist falsch. Gewiss haben Krankheiten ihre irdischen Ursachen und irdischen Hilfsmittel; aber damit ist eben bei Weitem nicht alles und nicht das Entscheidende über das Wesen der Krankheit gesagt. Gewiss soll der Kranke zum Arzt gehen und dort Hilfe suchen. Aber das Wichtigste ist damit allein nicht getan und nicht erkannt. Hinter den irdischen Ursachen und Heilmitteln stehen die überirdischen Ursachen und die überirdischen Heilmittel der Krankheit. Solange man daran vorbeigeht, lebt man in Wahrheit an seiner eigenen Krankheit vorbei, bekommt man ihr Wesen gar nicht zu Gesicht. Ihr Fluch und ihr Segen bleiben unerkannt.

Die Krankheit gehört in besonderer Weise zu Gott. Nicht daraus macht die Bibel dem Menschen einen Vorwurf, dass er mit seiner Krankheit zum Arzt geht, sondern daraus, dass er mit ihr nicht zu Gott geht. Es ist kein Zufall, dass Christus in auffallender Nähe zu den Kranken gelebt hat, dass Blinde, Gelähmte, Taubstumme, Aussätzige, Geisteskranke sich unwiderstehlich zu ihm hingezogen fühlten und seine Gemeinschaft suchten. Warum hat Christus diese Leute nicht zum Arzt geschickt? Gewiss nicht, um dem Ansehen der Ärzte zu schaden oder um seine eigene besondere Kunst oder suggestive Kraft zur Schau zu stellen, sondern um es deutlich werden zu lassen, dass Gott und Krankheit, dass Christus und die Kranken ganz eng zusammengehören. Christus will der wahre Arzt der Kranken sein. „Ich bin der Herr, dein Arzt." Das sagt Gott, das sagt Christus. Der Schöpfer und Erlöser der Welt bietet sich dem Kranken zum Arzt an. Wollen wir dieses Angebot unversucht lassen, nachdem wir auf so viele, geringere Angebote mit mehr oder weniger Erfolg eingegangen sind?

Wer den Zusammenhang von Gott und Krankheit nur ahnt, wer

das unerwartete Angebot ernst nimmt, dem kann die Krankheit zum Hinweis werden auf die Sünde der Menschen, auf die Zerstörung der Gemeinschaft der Geschöpfe mit dem Schöpfer. Hier liegen die überirdischen Gründe und Abgründe der Krankheit. Es ist die Sünde der Welt und es ist meine eigene Sünde, an die ich erinnert werde. Meine Krankheit braucht nicht einfach eine Folge oder Strafe einer bestimmten Sünde zu sein, deren ich mich anzuklagen hätte – auch dies mag der Fall sein, es ist aber nicht notwendig so. Doch will mich jede Krankheit in die Tiefe der Weltsünde und meiner persönlichen Gottlosigkeit hineinblicken lassen. Dieser Blick aber treibt mich zu Gott. Wenn ich in den Abgrund geschaut habe, erbitte ich nicht zuerst die Befreiung von diesem oder jenem Leiden, sondern ich komme mit dem Bekenntnis meiner lange verborgenen Schuld vor Gottes Angesicht. Die leibliche Krankheit will mich erkennen lehren, dass meine eigentliche Krankheit viel tiefer steckt, so tief, dass kein irdischer Arzt sie heilen kann, weil meine eigentliche Krankheit – meine Sünde ist. Nicht nur mein Leib, meine Nerven, mein Gemüt sind krank, sondern mein ganzes Wesen, mein Herz ist krank, krank am Unglauben, an der Angst, an der Gottlosigkeit meines Lebens. Und welcher Gesunde litte nicht auch an dieser heimlichsten und zugleich unheimlichsten Krankheit?

Nun weiß ich, dass mir nur geholfen werden kann, wenn mein ganzes Wesen heil, gesund, neu wird. Wie kann das geschehen? Die Antwort ist ganz einfach und geht doch in die letzte Tiefe unseres Lebens: durch echte Beichte und durch göttliche Vergebung aller meiner Sünden. Das mag manchem als eine seltsame Wendung und Lösung dieser Frage erscheinen, aber doch nur dem, der das Heilwerden des ganzen Menschen durch Beichte und Vergebung noch nicht erfahren hat. Was heißt Beichte? Sich

Jesus Christus mit allen seinen Sünden, Schwächen, Lastern, Leiden öffnen und ihm auf sein Wort hin das ganze Herz geben ohne den geringsten Vorbehalt. Das ist keine leichte Sache und es mag uns schwerer vorkommen als eine gefährliche Operation. Es wird wohl so sein, dass die meisten von uns hierzu einen brüderlichen Helfer brauchen, der uns in solcher Lebensbeichte beisteht, sei es nun der im geistlichen Amt dienende Pfarrer, sei es irgend ein Glied der Gemeinde, das von Christus mehr weiß als ich. Was heißt Vergebung? Auslöschung meiner ganzen heillosen, verfahrenen, gescheiterten Vergangenheit (von der vielleicht nur ich selbst weiß) durch Gottes Machtwort und durch das Geschenk eines neuen fröhlichen Anfangs meines Lebens.
Wer kann mir solchen neuen Anfang schenken? Niemand anders als allein der gekreuzigte und lebendige Jesus Christus, der selbst die Heillosigkeit des Lebens an sich erfuhr und sie überwunden hat in der Gemeinschaft Gottes. Er ist der einzige Arzt, der meine tiefste Krankheit kennt, der sie selbst getragen hat, er ist der „Heiland", der Herz, Seele und Leib heilen kann.
Was aber hat Vergebung der Sünden mit leiblicher Gesundung zu tun? Mehr als die meisten Menschen ahnen. Freilich, es ist ein geheimnisvoller Zusammenhang. Aber ist nicht wenigstens so viel begreiflich, dass von einem Menschen, der in seinem Herzen wieder frei und fröhlich geworden ist, so manche körperliche Beschwerde einfach abfällt? Der Leib wird vielfach allein darum krank, weil er sich selbst überlassen ist, weil er sein eigener Herr geworden ist. Nun aber hat der Leib seinen rechten Herrn wiederbekommen, der ihn regiert. Der Leib ist nicht mehr der Herr. Er ist nur noch Werkzeug, ja mehr als dies: „Tempel des Heiligen Geistes" geworden. Es gibt viele Leiden, die von dem empfangenen Zuspruch der Vergebung nicht sichtbar gelindert und beseitigt werden. Aber der verborgene Zu-

sammenhang von Vergebung und leiblicher Gesundung kann auch so sichtbar zu Tage treten, dass alle medizinischen Begriffe gesprengt werden und die Ärzte vor einem Rätsel stehen. Eines ist gewiss: Wie der Unglaube eine Quelle der Zerstörung und der Krankheit des Leibes und der Seele ist, so ist der Glaube eine Quelle aller Heilung und Gesundung.

Wenn Christus sich den Arzt der Kranken nennt, dann fällt auf jeden Kranken, wie elend er auch sei, der Glanz der göttlichen Barmherzigkeit. Der Kranke gehört Gott, an ihm will Gott sein Heil verwirklichen. So begegnen wir in dem kranken Bruder der Barmherzigkeit Gottes selbst, der in Jesus Christus der Arzt des Kranken ist. Der Kranke will Heilung. Christus schenkt ihm mehr: sein Heil.

Dietrich Bonhoeffer,
geschrieben im Kloster Ettal, Januar 1941

Heil und Heilung

Der Geist des Herrn ruht auf mir; denn er hat mich gesalbt. Er hat mich gesandt, damit ich den Armen eine frohe Botschaft bringe; damit ich den Gefangenen die Entlassung verkünde und den Blinden das Augenlicht; damit ich die Zerschlagenen in Freiheit setze. Da begann er, ihnen darzulegen: Heute hat sich das Schriftwort, das ihr eben gehört habt, erfüllt. Alle stimmten ihm zu; sie staunten über die Worte der Gnade, die aus seinem Mund hervorgingen, und sagten: Ist das nicht Josefs Sohn? Da entgegnete er ihnen: Sicher werdet ihr mir das Sprichwort vorhalten: Arzt, heile dich selbst! Wenn du in Kafarnaum so große Dinge getan hast, wie wir gehört haben, dann tu sie auch hier in deiner Heimat! Und er setzte hinzu: Amen, ich sage euch: Kein Prophet wird in seiner Heimat anerkannt. Und viele Aussätzige gab es in Israel zur Zeit des Propheten Elischa. Aber keiner von ihnen wurde geheilt, nur der Syrer Naaman.
Lukas 4,18.21-24.27

Was ist das Heil? Dieses Wort steckt in unseren Worten heilen und Heilung. Aber Heil ist irgendwie umfassender, ganzheitlicher. Es meint den ganzen Menschen. Und wenn wir es in einem gläubigen Zusammenhang lesen und verstehen, dann spüren wir erst recht, dass das Heil den ganzen Menschen meint. Sein Ganz-Sein – und zwar so, wie Mensch-Sein eben ganz sein kann.
Das Problem dabei ist: In dieser Welt, so wie wir sie mit unseren leiblichen Augen sehen, mit unseren Händen anfassen, mit unseren Sinnen erfassen können, in dieser Welt wird es kein endgültiges Ganz-Sein geben. Wir wissen es, denn der

Tod, der uns alle erwartet, ist ein dramatischer Widerspruch gegen Ganz-Sein, gegen Heil-Sein. Der leibliche Tod ist – weltlich gesprochen – das katastrophale Gegenteil von Ganz-Sein. Er fühlt sich nämlich an wie Gar-nicht-mehr-Sein. Und wenn wir die vielen Nöte betrachten, deretwegen viele von uns hier sind, dann sind ganz viele von diesen Nöten letztlich eine Art Auswirkung unserer biologischen Endlichkeit, unserer Sterblichkeit. Wir alle sind in unserem Leben von irgendwelchen Gebrechen, Krankheiten, Verlusten betroffen. Alle. Wir alle sind in unserem Leben davon betroffen, dass wir älter werden, dass unser Leib nicht mehr genau so will wie in der Kindheit und Jugend, obwohl wir uns doch oft noch so jung fühlen würden. Wir alle sind davon betroffen, dass auch unser seelisches Leben nur mehr oder weniger funktioniert. Wir sind eben oft nicht offen, warmherzig, froh, tief, voller Liebe. Wir sind oft oberflächlich, abweisend, betrübt und voll Groll. Nichts in diesem Leben ist ganz heil. Und keiner von uns ist ganz heil, weder an seinem Leib, noch an seiner Seele.
Und dabei sehnen wir uns doch so sehr nach dem Heil, nach dem Ganzen. Nun gehört manches von dem, was ich aufgezählt habe, zum normalen Lebenslauf. Unser Älterwerden, unsere verschiedenen Stimmungen und Launen, die Verluste, die wir nicht selbst im Griff haben und kontrollieren können. Aber Krankheit ist noch einmal etwas anderes. In der Schrift lesen wir ausdrücklich, dass Jesus die Jünger losschickt, um den Kranken heilend und heilsam zur Seite zu stehen. Jesus heilt. Und er befähigt seine Jünger ebenfalls, heilsam und heilend zu wirken. Und im Evangelium heißt es sogar öfter, „Er heilte alle Kranken“. Mit diesem alle sind dann insbesondere die gemeint, die ihm begegnet sind und die um seine Hilfe flehten. Gleichzeitig setzt er fast immer den Glauben der Menschen voraus, die

er heilt. „Geh, dein Glaube hat dir geholfen“, heißt es ebenso oft im Evangelium nach den Heilungserzählungen. Andererseits aber konnte Jesus in seiner Heimat wenig oder gar keine Wunder tun, wie berichtet wird. „Und er wunderte sich über ihren Unglauben“, heißt es dann. Er erzählt den Menschen aus seiner Heimat dann die Geschichte aus dem Alten Testament zu einer Zeit, in der es viele Menschen mit Lepra gab, aber nur der Syrer Naaman wurde damals geheilt. Das macht sie zornig. Sie glauben nicht. Es gab also auch bei Jesus schon nicht einfach einen Automatismus des Heilens, und auch die meisten seiner Anhänger wurden irgendwann alt und krank und alle starben irgendwann in diesem Leben. Auch die, die er einst von ihrem körperlichen Gebrechen geheilt hatte. Das heißt aber: Selbst der allertreueste Jünger Jesu muss damit rechnen, dass er in diesem Leben nicht ganz heil ist und bleibt, dass auch er vielmehr ebenfalls Krankheit und Tod erleiden wird.

Aber warum heilt Jesus dann überhaupt körperliche Gebrechen? Wenn es keinen bleibenden Wert hat, wenn auch der Geheilte dennoch wieder krank oder alt wird und stirbt? Ich denke, Jesus heilt physische Leiden, weil er uns damit zeichenhaft zu verstehen gibt, dass mit ihm, mit Jesus, in diese oft unheilvolle Welt der Anfang vom ewigen Heil schon eingebrochen ist. Er ist der Heiland, der, der alles heil macht. Und damit beginnt er jetzt schon, immer wieder, und die äußere Heilung ist ein Hinweis auf das umfassende Heil, an dem wir einst teilhaben dürfen.

Aber die andere, die tiefere Seite ist die: Jesus schenkt uns den Anbruch des Heils zuallererst in der Seele, in der Tiefe unseres Herzens. Und das Wunder ist: Dort, in der Tiefe unseres Herzens, dort wird dieses Heil eben nicht mehr vergehen, wenn wir es aus eigener Schuld nicht verspielen. Anders also als bei der körperlichen

Heilung. Dort, in der Seele, bleibt es, wächst es, wird es tiefer. Und je mehr es in uns wächst, je mehr der Geist Jesu von unserem Inneren Besitz ergreift, desto mehr werden wir durch ihn auch fähig, auch mit unseren körperlichen Gebrechen, mit unserer Not, mit unserem Altwerden und anderem umzugehen. Wenn wir in Jesus gehen, können wir lernen, das Leid zu tragen, anzunehmen, wir werden reifer und tiefer. Und vielleicht lernen wir darin sogar, ein Zeugnis von der Gegenwart Jesu zu geben – trotz allem, trotz der Schmerzen und der Not. Weil dann in uns und durch diese Not hindurch seine Gegenwart hindurchscheint.

Vielleicht hat das der eine oder andere von Ihnen schon einmal erlebt, dass er bei einem wirklich gläubigen Menschen am Krankenbett stand, um ihn in seiner Krankheit zu trösten. Und dann sind Sie am Ende selbst getröstet und heiler wieder weggegangen, als Sie gekommen sind. Einfach weil der Kranke mit seinem Glauben ein Zeugnis davon geben konnte, dass die Krankheit, die Bedrohung mit dem Tod nicht das Letzte ist. Er gibt Zeugnis davon, dass er schon in dieser Welt, die vergeht, aus der Quelle des Neuen, des ewigen Lebens leben darf.

Der heilige Papst Johannes Paul II. hat in seinem allerletzten Todeskampf zu seinen Umstehenden gesagt: „Ich bin froh, seid Ihr es auch." Wie tief muss ein Mensch im Glauben sein, wenn er so etwas in dem Moment sagen kann, wenn ihm alle körperlichen Funktionen gerade am Versagen sind?

Ein kranker oder leidender Mensch, der gläubig ist, der kann sein Leiden Jesus übergeben in der Hoffnung und in dem Vertrauen, dass Jesus es mit ihm trägt. Und mehr noch, er darf der Hoffnung sein, dass in der Verbindung mit Jesus auch sein eigenes Leid erlösende Wirkung haben kann. Er kann sein Leid in der Kraft Jesu tragen und nimmt so teil an Jesu Kreuzweg für die Welt, an seinem erlösenden Leiden für die Welt. Wir Christen leben nicht

wie unverbundene Individuen nebeneinanderher. Wir sind durch den Herrn alle miteinander verbunden. Und ich bin überzeugt davon, dass wir im Himmel einmal staunen werden, wenn wir erkennen dürfen, wer alles für uns gebetet, geliebt, gelitten hat, damit wir nun dort oben in der Fülle des Lebens sein dürfen.
Das Heil, das Ganz-Sein, das wir in dieser Welt erreichen oder besser geschenkt bekommen können, ist ein Ganz-Sein, das Zeugnis von diesem Trotzdem gibt. Es ist ein Ganz-Sein, das mitten in den schwierigen Umständen bei seinem unverbrüchlichen Ja zu Gott und im Vertrauen, in der Hoffnung und in der Liebe bleiben kann. Solches Heil-Sein ist heilig sein. Es lebt aus der Gegenwart des Herrn in dieser Welt.
Wenn wir im Gottesdienst das Heil und auch Heilung erhoffen, dann zuallererst in diesem Sinn: dass wir Anteil bekommen an Jesus, an seiner Heil stiftenden Gegenwart in unserer Seele. Dass wir in seinen Frieden finden können, ganz egal was da noch kommt in dieser so schönen, aber oft eben auch so Leid bringenden Welt. Wir sollen und dürfen aber auch beten, dass er uns Schmerzen nimmt, dass er körperliche Heilung schenkt, wo wir krank sind oder leiden. Ich bin sicher, dass er in einer Atmosphäre des Glaubens auch wundersam wirken will und kann. Aber ich bin ebenso sicher, dass sein Hauptziel ist, dass wir alle voller Stärkung, voller neuer Hoffnung und innerer Kraft aus dem Gottesdienst gehen trotz allem anderen, was uns Not bereitet. Eben weil dieses andere schon überwunden ist. Weil unser Herr schon den Sieg davongetragen hat. Er will uns wirklich allen das Heil schenken und hat schon längst damit begonnen. In unserer Seele. Dafür sind wir von Herzen dankbar. Amen.

Bischof Stefan Oster SDB

Die Heilung eines Taubstummen

Jesus verließ das Gebiet von Tyrus wieder und kam über Sidon an den See von Galiläa, mitten in das Gebiet der Dekapolis. Da brachten sie zu ihm einen, der taub war und stammelte, und baten ihn, er möge ihm die Hand auflegen. Er nahm ihn beiseite, von der Menge weg, legte ihm die Finger in die Ohren und berührte dann die Zunge des Mannes mit Speichel; danach blickte er zum Himmel auf, seufzte und sagte zu ihm: Effata!, das heißt: Öffne dich! Sogleich öffneten sich seine Ohren, seine Zunge wurde von ihrer Fessel befreit und er konnte richtig reden. Jesus verbot ihnen, jemandem davon zu erzählen. Doch je mehr er es ihnen verbot, desto mehr verkündeten sie es. Sie staunten über alle Maßen und sagten: Er hat alles gut gemacht; er macht, dass die Tauben hören und die Stummen sprechen.
Markus 7,31-37

Die Dynamik dieses Heilungsprozesses sagt viel über das Verständnis Jesu von Heilungswegen und Heilungsprozessen. Bemerkenswert ist, dass ein Taubstummer zu Jesus gebracht wird mit der Bitte, dass er ihn berühren möge (vgl. Mk 7,32). Es geht also um Kommunikation als Kontaktgeschehen, weil Berührung Heilung verschafft und heil machen kann. Heilungsprozesse haben immer damit zu tun, Distanzen zu überwinden, ohne in eine falsche Nähe zu geraten. Darum auch nimmt Jesus den Taubstummen aus der Menge weg und geht mit ihm zur Seite, also an einen ausgesonderten Ort, und berührt die beiden Stellen des Körpers, die für einen Taubstummen von besonderer Bedeutung sind: die Ohren und die Zunge. Denn geheilt kann der Taube hören und der Stumme sprechen. Auch dies gehört zur Heilung, nämlich ganz praktische und im weitesten Sinne des Wortes kompetente Prozesse zu beginnen, die kurierend und der Gesundheit förderlich wirken können (vgl. Mk 7,33). Dann folgt eine eindrückliche Geste, indem Jesus zum Himmel aufblickt, seufzt und dem Taubstummen das erlösende Wort zuspricht: „Effata! Öffne dich!“ (vgl. Mk 7,34). Heilungsprozesse haben für Jesus immer eine Kommunikationsstruktur, die sich dem Göttlichen öffnet. Menschliche Heilung braucht göttliche Kraft. In einem ganz menschlichen Betrachtungszusammenhang von Heilung fällt immer auf, dass oft rein körperliche Sorge und Betreuung medizinischer, pflegerischer und sonstiger Art nicht ausreichen. Zur Dimension des Menschen gehört das, was über ihn hinausgeht. Es ist kein Wunder, dass Jesus, in dem Gott als Mensch unter uns ist, sich ganz auf Gott, seinen Vater, ausrichtet. Dem folgt das gebieterische „Öffne dich!“. Es geht dabei um ein Aufmachen des Verschlossenen des Menschen, um zu einem Kommunikationsfähigen zu werden, der die Welt, die ihm im Blick auf das Hören verschlossen war, neu wahrnimmt und sprechen kann, also selber ausdrucksfähig und ausdrucksmächtig wird. Dahinter verbergen sich zudem Genesungsprozesse, denn Menschen, die, auf welche Weise auch immer sie geheilt werden, wieder in neue Lebenszusammenhänge treten, können neu wahrnehmen und neu kommunizieren. I. d. R. keine banalen kleinen Erkrankungen, sondern große und schwerwiegende, wenn Menschen sie durchleiden und durchleben, führen zu Reifungsprozessen und zu Veränderungen der Wahrnehmung von Wirklichkeit. Hier bei Jesus wird dem Taubstummen ein neues Gehör und eine neue Sprechfähigkeit geschenkt. Im Kontext des Markusevangeliums ist diese Heilungsgeschichte im Rahmen unterschiedlichster Heilungsprozesse angesiedelt, die u. a. auch die Reinhaltung und Unreinheit von Gläubigen betrifft (vgl. Mk 7,1-23), aber auch die Heilung von dämonischen Kräften (vgl. Mk 7,24-30), sodass es hier in einem tiefen Sinne darum geht, dass Menschen durch das Wort Gottes, nämlich durch Jesus, durch sein „Öffne dich!" heil werden. So wird der Taubstumme des Evangeliums, den Jesus heilt, zu einem sprechenden Symbol für eine uns Menschen immer wieder treffende Situation: Heilung, wenn sie denn geschieht, braucht eine erlösende Tat vielfältiger Art und ein erlösendes Wort unterschiedlichen Zuschnitts.

Seit den frühen Zeiten der Kirche gehört zu den Ehrentiteln, die die Gläubigen Jesus gegeben haben, Christus als den Arzt zu bezeichnen, der dem Menschen an Leib, Seele und Geist Heilung widerfahren lässt. Es geht immer um eine Heilung in einem vielschichtigen Kommunikationsprozess zwischen den Menschen und denen, die ihm Heil zusprechen oder mit dafür Sorge tragen, und jenem Heil, das aus Gottes Kraft stammt. Solche ganzmenschlichen Prozesse, die eben weit mehr als die Heilung eines körperlichen Leidens meinen, sondern den Menschen ebenso mit seinem Denken und Fühlen, eben mit Leib, Seele und Geist, gehören deswegen zum Grundauftrag der Kirche, die nichts anderes ist als ein Raum für die heilende Erfahrung Christi als des Arztes für die Menschen in ihren Nöten.

Am Ende eines jeden Lebens stehen das Sterben und der Tod und damit die Perspektive, dass letzte Heilung für Christen in der Ewigkeit kommt. Eine solche Logik, die am Anfang des Wirkens Jesu wie auch des Lebens der Kirche steht, setzt sich bis heute fort. Dabei verändern sich zwar die Begründungsstrukturen und auch die konkreten Formen, wie Heilungsprozesse stattfinden und angeboten werden, aber der tiefste Grund bleibt der gleiche: Es geht um das Heilwerden des ganzen Menschen!

Aus der Dynamik des Evangeliums sind in 2 000 Jahren Grundsätze des sittlich guten Lebens entstanden, die trotz aller Veränderungen konstant geblieben sind. Dazu gehört: Wer krank ist, braucht Hilfe, und wie es auch im Evangelium der Fall ist, in nicht wenigen Fällen bei schwerer und schwerster Erkrankung einen besonderen Ort. Jesus führt den Taubstummen weg von der Menge. Ein Krankenhaus und viele andere um die Gesundheit des Menschen bemühte Institutionen sind solche besonderen Orte. So wie Jesus sich der konkreten Verwundungen des Taubstummen annimmt, nämlich seiner Ohren und seiner Zunge, so gilt dies auch in hoher Kompetenz bis heute für Krankheiten und ihre Heilung, die jedoch in vielfältiger Weise noch von weiteren Faktoren, die zu berücksichtigen sind, abhängt. Zugleich wendet sich Jesus seufzend an Gott, den Vater. Wir Christen und die Kirche führen Krankenhäuser, weil wir davon überzeugt sind, dass neben medizinischer, pflegerischer und weiterer Kompetenz jener Bezug zu Gott für jeden Menschen grundständig bedeutsam ist. Dieser spiegelt sich nicht nur in kompetent geleisteter Arbeit vor Ort wider, sondern auch in den Haltungen aller Beteiligten. Diese weisen hin auf den Halt, von dem sie leben und der sich in ihren Verhaltensweisen ausdrückt. Darin wird der Glaube ins Wort gebracht und im Beten, in der Krankenhausseelsorge, aber auch im ehrfürchtigen Umgang mit dem Anfang und dem Ende des Lebens und bei vielen anderen Heilungsprozessen deutlich. Ein Krankenhaus der Kirche muss in diesem Sinne ein Ort sein, an dem es in allem um die Würde des Menschen geht. Genau das gibt auch den Mut, Grenzen einzubekennen wie auch alle Kompetenz mit Demut zu verbinden und allen Willen zur Heilung mit dem Bewusstsein, das am Ende eines jeden menschlichen Lebens der Übergang durch den Tod hindurch in die Ewigkeit steht. Vermittelt durch vielfältiges Tun und Lassen wird so die Kraft Christi als des Arztes, von dem die Christenheit schon früh überzeugt war, heute deutlich.

Es gibt keine Ebene des kirchlichen Lebens, wie ich seit Jahren feststelle, in der nicht in einem übertragenen Sinne das Wort gilt, das Jesus dem Taubstummen zuspricht: „Öffne dich! Effata!" Auch heute hat die Kirche konkret, eingebunden in die Welt, in die wir alle gemeinsam gestellt sind, dafür Sorge zu tragen, dass die Botschaft des Evangeliums, in dem Gott zu uns spricht, weiterhin praktisch erfahrbar und spürbar wird. Dass Gott nämlich zu uns Menschen kommt, um zu helfen und zu heilen. Die Worte des Propheten Jesaja passen darum seit Jahrtausenden zu uns: „Sagt den Verzagten: Habt Mut, fürchtet euch nicht! Seht, hier ist euer Gott! … Dann werden die Augen der Blinden geöffnet, auch die Ohren der Tauben sind wieder offen" (Jes 35,4a.5).

Bischof Dr. Franz-Josef Overbeck

Die Heilung der gekrümmten Frau

Am Sabbat lehrte Jesus in einer Synagoge. Und siehe, da war eine Frau, die seit achtzehn Jahren krank war, weil sie von einem Geist geplagt wurde; sie war ganz verkrümmt und konnte nicht mehr aufrecht gehen. Als Jesus sie sah, rief er sie zu sich und sagte: Frau, du bist von deinem Leiden erlöst. Und er legte ihr die Hände auf. Im gleichen Augenblick richtete sie sich auf und pries Gott. Der Synagogenvorsteher aber war empört darüber, dass Jesus am Sabbat heilte, und sagte zu den Leuten: Sechs Tage sind zum Arbeiten da. Kommt also an diesen Tagen und lasst euch heilen, nicht am Sabbat! Der Herr erwiderte ihm: Ihr Heuchler! Bindet nicht jeder von euch am Sabbat seinen Ochsen oder Esel von der Krippe los und führt ihn zur Tränke? Diese Frau aber, die eine Tochter Abrahams ist und die der Satan schon seit achtzehn Jahren gefesselt hielt, sollte am Sabbat nicht davon befreit werden dürfen? Durch diese Worte wurden alle seine Gegner beschämt; das ganze Volk aber freute sich über all die großen Taten, die er vollbrachte.
Lukas 13,10-17

Die körperliche Krankheit zeigt den Geist, der die Frau bestimmt. Es ist ein Geist, der sie kleinmacht, sie krümmt und blockiert. Die Frau ist gekrümmt, weil sie von der Last des Lebens erdrückt wird, weil sie sich resigniert hängen lässt. Sie geht traurig und depressiv einher. Wer so zusammengekrümmt geht, wird depressiv. Sein Atem geht flach. Und sein Gesicht verliert seine ursprüngliche Schönheit. Der gekrümmte Rücken könnte auch auf nicht zugelassene Gefühle hinweisen. Manche tragen einen ganzen Rucksack voll eingeschnürter Gefühle mit sich herum. Sie missbrauchen ihren Rücken als Müllabladeplatz für die unterdrückten Emotionen. Sie leiden lieber an Rückenschmerzen, als mit ihren Gefühlen in Berührung zu kommen. Vielleicht ist die Frau auch unterdrückt worden. Vielleicht hat man ihr das Rückgrat gebrochen. Sie ist unfähig, sich aus eigener Kraft aufzurichten. Sie kann nicht aufrecht gehen. Sie kann nicht zu sich stehen. Das griechische Wort „panteles = vollständig, absolut, für immer“ drückt aus, dass die Krankheit unheilbar ist, dass diese Frau sich nie mehr aufrichten kann. Sie kann nicht mehr nach oben sehen. Sie ist von ihrem Kontakt mit Gott abgeschnitten. Sie richtet ihren Blick nur noch auf den Boden, auf das Niedrige. Sie hat einen engen Horizont, und sie hat ihre menschliche Würde, ihre Weite und Freiheit verloren. Und das schon achtzehn Jahre lang. Wenn man achtzehn als symbolische Zahl versteht, so könnte man sagen: Zehn ist die Zahl der Ganzheit, der Integrität eines Menschen. Die Frau hat ihre Ganzheit, ihre ursprüngliche Schönheit und Gutheit, verloren. Acht ist die Zahl der Ewigkeit und Unendlichkeit. Die Taufbecken in der frühen Kirche sind achteckig. Sie zeigen, dass der Christ in der Taufe teilhat am ewigen Leben Gottes. Die Frau, die achtzehn Jahre lang krank ist, hat ihren Kontakt zu Gott verloren. Sie kann nicht mehr zu Gott aufblicken. Ihr Blick ist verdunkelt. In dieser gekrümmten Frau sieht Lukas das Bild des unterdrückten, gebrochenen, in seiner Würde beeinträchtigten Menschen. Und er zeigt uns, wie Jesus nicht nur diese Frau, sondern uns heute zu heilen vermag. Jesus nimmt diese Frau wahr. Er sieht sie an und schenkt ihr somit Ansehen. Jesus ist nicht gleichgültig gegenüber dem Elend der Menschen. Er wendet sich der Frau zu. Lukas erwähnt hier nicht das Gefühl der Barmherzigkeit Jesu, sondern er bringt durch die Erzählung die Gefühle Jesu zum Ausdruck. In seinem Tun zeigt sich, wie zärtlich und liebevoll er mit der Frau umgeht. Nachdem er die Frau in ihrer Not und Unterdrückung wahrgenommen hat, spricht er sie an. Das griechische Wort „prosphono = anreden, beim Namen nennen, zurufen" drückt die Beziehung aus, die Jesus zu der Frau herstellt. Er spricht zu ihr. Er meint sie mit seinen Worten. Er lockt sie aus ihrer Isolierung heraus, in die sie sich zurückgezogen hat wohl aus Scham vor den gesunden Menschen. Die Frau lässt sich von Jesus in Bewegung bringen. Jesus hat offensichtlich die Fähigkeit, einen Menschen so anzusprechen, dass er ihn berührt und bewegt. Als die Frau vor ihm erscheint, spricht er sie an: „Frau, du bist losgebunden von deiner Krankheit." Er spricht ihr die Heilung und Befreiung zu. In der Nähe Jesu kann der Mensch nicht mehr gebunden sein, da wird er frei, da findet er zu seiner Würde. Der aufrechte Mann Jesus richtet die unterdrückte Frau auf und setzt sie in ihre einmalige und göttliche Würde ein. Das drückt Jesus durch die Handauflegung aus. Im Lukasevangelium und in der Apostelgeschichte ist die Handauflegung entweder Vermittlung des Heilens oder Herabrufen des Heiligen Geistes. Beides gehört zusammen. Durch die Handauflegung strömt Gottes Heiliger Geist in die Frau. Der Heilige Geist ist immer auch ein heilender Geist. Und er verkörpert die Kraft Gottes, die die Schwäche der Frau vertreibt. Auch die Jünger sollen den Menschen die Hände auflegen und ihnen so die heilende Kraft Gottes vermitteln und sie dadurch aus der Macht des Satans befreien. Die Menschen sollen nicht mehr von ihren alten Lebensmustern bestimmt werden, sondern von der heilenden und befreienden Kraft Gottes, von der Liebe Gottes, die ihnen in Jesus zuströmt und sie so sein lässt, wie sie ursprünglich von Gott gemeint sind. Als Jesus die Frau berührt, richtet sie sich im selben Augenblick auf. Sie stellt sich aufrecht hin und lobt Gott. Nun ist die Achtzehn verwirklicht. Sie ist ganz geworden, und sie hat wieder Kontakt zu Gott gefunden. Das griechische Wort für „aufrichten = anortho“ wird auch für das „Wiederaufbauen“ eines Hauses benutzt. Jesus ist der, der die Menschen wieder aufrichtet, wiederherstellt in ihrer ursprünglichen Schönheit, der ihr Lebenshaus so aufbaut, dass Gott darin mit seiner Herrlichkeit wohnen mag.

Auf die Heilung der gekrümmten Frau reagiert der Synagogenvorsteher mit Ärger. Am Sabbat sollte man nicht arbeiten. Er interpretiert die Heilung der Frau als Arbeit eines Menschen. Jesus sieht darin Gottes Wirken. Der Synagogenvorsteher übertreibt in seiner Deutung des Gesetzes. Das Gesetz ist wichtiger als der Mensch. Jesus entkräftet seine rigide Haltung mit dem Hinweis auf die Tiere, die man von der Krippe löst und zur Tränke führt. Das Lösen von Ochs und Esel erlaubt auch, den Menschen von seinen Fesseln zu lösen. Gott ist für Lukas vor allem der Löser, der sein Volk aus der Knechtschaft erlöst, der den Menschen wieder so herstellt, wie er von Gott geschaffen worden ist. Der Sabbat erinnert an die Schöpfung. Am siebten Tag ruht Gott aus von seiner Schöpfung. Da betrachtet er sie in seinem Glanz. Für Lukas ist die beste Art und Weise, den Sabbat zu feiern, den Menschen in seine ursprüngliche Gestalt hinein aufzurichten, sich über die göttliche Würde zu freuen und Gott, den Schöpfer menschlicher Schönheit, zu preisen. Die Reaktion des Volkes ist die Freude „über all die großen Taten, die er vollbrachte“ (Lk 13,17). Die Menschen reagieren auf Jesu Angebot der Erlösung immer mit Freude. Jesus spricht nicht über die Freude, sein Tun löst bei den Menschen Freude aus. Lukas erzählt die Heilung der gekrümmten Frau so, dass der, der sich ganz auf diesen Text einlässt, aufrechter seinen

Weg gehen wird. Die Befreiung, die im Text geschildert wird, wird auf den Leser und Hörer übergreifen, sodass er sich seiner göttlichen Würde freuen und aufrecht nach Hause gehen kann.

Anselm Grün

Der große Glaube der heidnischen Frau

Jesus ging weg von dort und zog sich in das Gebiet von Tyrus und Sidon zurück. Und siehe, eine kanaanäische Frau aus jener Gegend kam zu ihm und rief: Hab Erbarmen mit mir, Herr, du Sohn Davids! Meine Tochter wird von einem Dämon gequält. Jesus aber gab ihr keine Antwort. Da traten seine Jünger zu ihm und baten: Schick sie fort, denn sie schreit hinter uns her! Er antwortete: Ich bin nur zu den verlorenen Schafen des Hauses Israel gesandt. Doch sie kam, fiel vor ihm nieder und sagte: Herr, hilf mir! Er erwiderte: Es ist nicht recht, das Brot den Kindern wegzunehmen und den kleinen Hunden vorzuwerfen. Da entgegnete sie: Ja, Herr! Aber selbst die kleinen Hunde essen von den Brotkrumen, die vom Tisch ihrer Herren fallen. Darauf antwortete ihr Jesus: Frau, dein Glaube ist groß. Es soll dir geschehen, wie du willst. Und von dieser Stunde an war ihre Tochter geheilt.
Matthäus 15,21-28

Er zog sich zurück in die Gegend von Tyrus und Sidon. Er brauchte die Stille, die Er so oft aufsuchte. Auch jetzt, nachdem Er die Menschen gelehrt hatte, dass nicht das, was durch den Mund in den Menschen hineinkommt, ihn unrein macht, sondern was aus ihm herauskommt, dass aus dem Herzen des Menschen all das Böse kommt.
Und dann stand sie plötzlich da und bat ihn voller Hingabe um Erbarmen, vielleicht sogar noch mehr: Sie belästigte Ihn, denn

sie wusste, dass Er nicht für sie da war. Sie war eine Ungläubige in Seinen Augen, und nie hätten Rabbiner sich auch nur nach ihr umgedreht. „Herr, Du Sohn Davids, hab Erbarmen, meine Tochter wird von einem Dämon gequält!“ Er schwieg und gab ihr keine Antwort.

Sie rief es lauter, schrie es hinter Ihm her. Nur eine Mutter vergisst alle Regeln, wenn es um ihr krankes Kind geht. Es war der letzte Strohhalm eines gequälten Lebens. So viel hatte sie von diesem Nazarener gehört, von Heilungen und Wundern. Den Jüngern war es peinlich. Sie ging hinter ihnen her und zog alle Aufmerksamkeit auf sich. Irgendwann bat man Ihn, sie doch zu befreien vom Geschrei, von der Peinlichkeit, vom Dämon. Es war doch ein Leichtes für Ihn. Sie scheuten nicht, Ihn darum zu bitten. Aber Er antwortete: „Ich bin nur zu den verlorenen Schafen des Hauses Israel gesandt.“ Was hat Er mit dieser zu schaffen? Sein Auftrag galt den Kindern Israels. Seinen Kindern. Doch die Frau kam, fiel vor Ihm nieder und sagte: „Herr, hilf mir! Nur du kannst helfen.“ Sie sank auf die Knie, sie bettelte und flehte. Das war zu viel, schroff erwiderte Er: „Es ist nicht recht, das Brot den Kindern wegzunehmen und den Hunden vorzuwerfen.“

Unfassbar! Das sagt der Herr. War sie nicht mehr als ein Hund? Dachte Er so von ihr? Der, der die Liebe Gottes verkündete, der noch zuvor gepredigt hatte, dass alles Hässliche aus dem Innern des Menschen kam? Dass das Reich Gottes nahe sei? Beleidigt, entrüstet hätte sie sich zurückziehen können.

Klug wie Frauen sind, gab sie Ihm recht. Es ist immer besser, dem Mann recht zu geben. Sie erwiderte: „Ja, du hast recht, Herr! Aber selbst die Hunde bekommen von den Brotresten, die vom Tisch ihrer Herren fallen.“ Was für ein Glaube! Jesus staunte nicht schlecht über diese energische, wissende und de-

mütige Frau. Darauf sagte Er: „Frau, dein Glaube ist groß. Was du willst, soll geschehen.“
Und von dieser Stunde an war ihre Tochter geheilt.
Tröstlich und herrlich für alle, die sich unwürdig, fernstehend und ausgegrenzt fühlen: Jesus lässt sich umstimmen, und wir dürfen Ihn mit großem Glauben um alles bitten.

Sr. Teresa Zukic

Die Heilung der blutflüssigen Frau

Sie hatte von Jesus gehört. Nun drängte sie sich in der Menge von hinten heran und berührte sein Gewand. Denn sie sagte sich: Wenn ich auch nur sein Gewand berühre, werde ich geheilt. Und sofort versiegte die Quelle des Blutes und sie spürte in ihrem Leib, dass sie von ihrem Leiden geheilt war. Im selben Augenblick fühlte Jesus, dass eine Kraft von ihm ausströmte, und er wandte sich in dem Gedränge um und fragte: Wer hat mein Gewand berührt? Seine Jünger sagten zu ihm: Du siehst doch, wie sich die Leute um dich drängen, und da fragst du: Wer hat mich berührt? Er blickte umher, um zu sehen, wer es getan hatte. Da kam die Frau, zitternd vor Furcht, weil sie wusste, was mit ihr geschehen war; sie fiel vor ihm nieder und sagte ihm die ganze Wahrheit. Er aber sagte zu ihr: Meine Tochter, dein Glaube hat dich gerettet. Geh in Frieden! Du sollst von deinem Leiden geheilt sein.
Markus 5,27-34

Auch hier haben wir es mit einem Menschen zu tun, der von Jesus aus dem Versteck seiner Anonymität gerufen wird und der schließlich vor Jesus und vor den Augen der anderen die ganze verborgene Wahrheit sagt. Ein zeitgenössischer Theologe bietet eine tiefenpsychologische Deutung dieser Geschichte. Chronische Blutungen zählen zu den psychosomatischen Erkrankungen, die mit der „Sprache des Körpers" das verraten, was man in sein Unterbewusstsein verdrängt hat, wovon man weder sprechen noch wissen will. Jene Frau ist unmittelbar im Heiligtum ihrer Weiblichkeit verwundet, sie trägt in der Intimsphäre, in ihrer Sexualität offensichtlich irgendein schweres Trauma mit sich. Ihre jahrelangen Blutungen sind nicht nur körperlich entkräftend, schmerzvoll und peinlich, sie berauben sie auch jeglichen Anspruchs auf Nähe, deswegen ist die Frau auch aus der menschlichen und religiösen Gemeinschaft ausgeschlossen. Den jüdischen Vorschriften gemäß ist eine an Blutfluss erkrankte Frau rituell unrein, sie darf nicht am Gottesdienst teilnehmen, sie darf niemanden und niemand darf sie berühren. Ihre drängende Sehnsucht nach menschlicher Nähe, nach menschlicher Berührung verleitet sie zu einer Tat, mit der sie die Isoliertheit durchbricht, zu der sie verpflichtet ist: Sie berührt Jesus. Sie tut es heimlich, anonym, von hinten, in der Menge verborgen. Allein Jesus will nicht, dass sie auf eine solche Weise Heilung erfährt. Er sucht ihr Gesicht, spricht sie gleichsam auch „bei ihrem Namen" an, hebt ihre Anonymität auf. Für die Jünger ist seine Frage töricht: Alle drängen sich an ihn, wie lässt sich da die Berührung eines einzelnen Menschen ausmachen? Für Jesus ist aber niemand in der „anonymen" Menge untergetaucht und verloren, für ihn ist kein Mensch und keine Berührung anonym, unpersönlich, austauschbar. Die Frau tritt vor ihn. Nach Jahren des Versteckens und der Isolation spricht sie vor allen Menschen „die ganze Wahrheit" aus. Und in diesem Augenblick der Wahrheit wird sie von ihrem Leiden befreit.

Ausdruck ihres Glaubens – des Glaubens, der sie nach Jesu Wort heilt – ist bereits diese Berührung, jene törichte Geste voller Hoffnung und Vertrauen. Es ist eine Tat, mit der sie das Gesetz übertritt – denn sie hat durch ihre Berührung Jesus unrein gemacht, was nach strenger Auslegung des Gesetzes eine Sünde ist, und trotzdem versteht Jesus, was sie durch ihre Berührung zum Ausdruck bringt, und mit seiner Deutung verleiht er dieser Tat eine Heil bringende Bedeutung. Was sie mit der Sprache ihres Körpers, der bislang nur mit einer Sprache des Blutes und des Schmerzes redete, ausdrückt, spricht sie zu Ende, indem sie sich vor ihm verbeugt und die „ganze Wahrheit spricht". Der Glaube dieser Frau – ähnlich wie der des Zachäus – beruht nicht in einer „Übereinstimmung der Vernunft mit den Glaubenswahrheiten", ist nicht im Bereich vernunftmäßiger Überzeugung angesiedelt, lässt sich nicht mit Sätzen aus dem Katechismus ausdrücken. Wo der Glaube erwacht, da ist auch Hoffnung, da ist auch Vertrauen; das geschieht in einer nicht erwarteten, nicht geplanten und eigentlich – zumindest auf der Ebene des Bewussten – auch ungewollten Begegnung „von Angesicht zu Angesicht" – und gipfelt im Mut zur Wahrheit.

Diese Menschen haben Jesu Macht gespürt, sie haben erlebt, dass hier jemand ist, der spricht und handelt als „einer, der eine Vollmacht hat, aber nicht wie die Schriftgelehrten". Sicher haben sie auch erkannt, dass es eine Macht anderer Ordnung ist als jene der Mächtigen dieser Welt, der Magnaten, die ihre Macht mit Gewalt und Unterdrückung durchsetzen. Die vom Blutfluss geheilte Frau wie auch viele andere, denen Jesus später noch begegnet, bringen es nicht zustande – und haben auch nicht das Bedürfnis –, ihre Erfahrung mit Jesus durch bekennerhafte Proklamationen zum Ausdruck zu bringen, wie Petrus dies bei Cäsarea Philippi getan hat, und schon gar nicht mit theologischen und dogmatischen Begriffen der Kirche späterer Jahrhunderte. Als diese Menschen, von deren Begegnung mit Jesus wir aus den Evangelien erfahren, Gottes Macht, Pracht und Fülle aufblitzen sehen und spüren, drücken sie ihre Erfahrung eher mit Gesten aus, indem sie sich z. B. zu Boden werfen, niederknien und verbeugen, oder dies mit freudigen emotionalen Ausrufen wie „Rabbuni!", „Mein Herr und mein Gott!", nicht aber mit fein geschliffenen theologischen Begriffen und Theorien tun.

Schon durch das heimliche Berühren Jesu legt die blutflüssige Frau Bekenntnis ab – wie bereits erwähnt, missachtete sie kultische Reinheitsvorschriften.
Es steht nirgends geschrieben, die geheilte Frau hätte Jesus für den verheißenen Messias der Juden gehalten, und Begriffe wie „Gottes eingeborener Sohn" oder „Gottmensch" hätte sie wohl kaum verstanden. Mit ihrem Vertrauen zu diesem Mann erfährt sie trotzdem auf ihre Art – wer den Sohn sieht, sieht den Vater –, dass Jesu Worte und Werke, sein ganzes Menschsein „ein Fenster ist, durch das der Mensch Gott am Werk sieht".
Unsere theologischen Begriffe und Theorien, mit denen wir Jesu Geheimnis auszudrücken versuchen, schöpfen zwar aus der philosophischen Terminologie späterer Jahrhunderte, haben jedoch in gewissem Sinne ihre tiefen Wurzeln gerade in den Erzählungen des Evangeliums und in den uns durch diese Erzählungen vor Augen geführten Ereignissen. Die Lehre von Jesu Gottsein ist nicht erst in den Studierstuben der Theologen entstanden, sondern es geht ihr der freudige Ausruf des Apostels Thomas voraus, als er die Wundmale des Auferstandenen berührt: „Mein Herr und mein Gott!" Der Apostel Thomas wollte bestimmt kein metaphysisches Urteil über Jesu Natur fällen, er ließ einfach der Freude seines Herzens freien Lauf und griff spontan nach Ausdrücken aus seinem Wortschatz, die ihm in jenem Augenblick am besten geeignet schienen, um seiner großen Freude Ausdruck zu verleihen.
Vielleicht sollten wir einmal unsere religiöse Sprache erneuern, indem wir unsere oft schon recht abgenutzten Wörter und verstaubten grauen Definitionen in jene ursprüngliche Quelle des Glaubens eintauchen, in jene befreiende und das Leben verwandelnde Freude, die Menschen wie der Apostel Thomas oder die Apostelin der Apostel Maria Magdalena, der Zollpächter Zachä-

us oder die von Blutfluss geheilte Frau in ihrer Begegnung mit Jesus erfahren durften. Vielleicht würden wir dann die Zachäus-Menschen unserer Zeit mit mehr Erfolg dazu bewegen, aus ihren Verstecken herauszukommen und ihr Leben zu ändern, vielleicht würden wir die stille Sprache heimlicher Berührungen besser verstehen und es fertigbringen, einen Raum des Vertrauens zu schaffen, in dem die Menschen die ganze Wahrheit aussprechen und so von ihren Leiden befreit werden könnten.

Tomáš Halík

Die Heilung des besessenen Sohnes

Als sie zu den anderen Jüngern zurückkamen, sahen sie eine große Menschenmenge um sie versammelt und Schriftgelehrte, die mit ihnen stritten. Sobald die Leute Jesus sahen, liefen sie in großer Erregung auf ihn zu und begrüßten ihn. Er fragte sie: Warum streitet ihr mit ihnen? Einer aus der Menge antwortete ihm: Meister, ich habe meinen Sohn zu dir gebracht. Er ist von einem stummen Geist besessen; immer wenn der Geist ihn überfällt, wirft er ihn zu Boden und meinem Sohn tritt Schaum vor den Mund, er knirscht mit den Zähnen und wird starr. Ich habe schon deine Jünger gebeten, den Geist auszutreiben, aber sie hatten nicht die Kraft dazu. Da sagte er zu ihnen: O du ungläubige Generation! Wie lange muss ich noch bei euch sein? Wie lange muss ich euch noch ertragen? Bringt ihn zu mir! Und man führte ihn herbei. Sobald der Geist Jesus sah, zerrte er den Jungen hin und her, sodass er hinfiel und sich mit Schaum vor dem Mund auf dem Boden wälzte. Jesus fragte den Vater: Wie lange hat er das schon? Der Vater antwortete: Von Kind auf; oft hat er ihn sogar ins Feuer oder ins Wasser geworfen, um ihn umzubringen. Doch wenn du kannst, hilf uns; hab Mitleid mit uns! Jesus sagte zu ihm: Wenn du kannst? Alles kann, wer glaubt. Da rief der Vater des Knaben: Ich glaube; hilf meinem Unglauben! Als Jesus sah, dass die Leute zusammenliefen, drohte er dem unreinen Geist und sagte: Ich befehle dir, du stummer und tauber Geist: Verlass ihn und kehr nicht mehr in ihn zurück! Da zerrte der Geist den Knaben hin und her und verließ ihn mit lautem Geschrei. Er lag da wie tot, sodass alle Leute sagten: Er ist gestorben. Jesus aber fasste ihn an der Hand und richtete ihn auf und er erhob sich. Jesus trat in das Haus

und seine Jünger fragten ihn, als sie allein waren: Warum konnten denn wir den Dämon nicht austreiben? Er antwortete ihnen: Diese Art kann nur durch Gebet ausgetrieben werden.
Markus 9,14-29

Zu einem Menschen in einer menschlich gesehen hoffnungslosen Lage sagt Jesus dies: Wenn du glauben könntest. Dann wäre alles anders in deinem Leben. Dann stündest du nicht kleinmütig und verzagt hier. Dann wüsstest du, es gibt für dich nichts Unmögliches mehr. Zu einem Vater, dessen Kind – menschlich geredet – unheilbar krank ist und der alles tun will, um seinem Sohn zu helfen und der doch machtlos dem Unheil zusehen muss. Alle erdenklichen Wege bis hin zu den Jüngern Jesu ist der Vater gegangen, bis ihm nur der eine Weg noch bleibt, ein Weg, vor dem ihm schaudert, ein Weg, vor dem jedem Menschen schaudert, wenn er ihn zum ersten Mal geht – der Weg zu Jesus.
Warum gehen wir denn alle anderen Wege immer lieber als diesen Weg zu Christus selbst, wenn etwas bei uns nicht stimmt? Warum vermeiden wir es, diesen Weg wirklich zu gehen? Warum schaudern wir vor diesem Weg zurück? Weil wir wissen, dass wir hier Antwort geben müssen auf eine große Frage und diese Frage heißt: Kannst du glauben? So glauben, dass dein ganzes Leben ein einziges großes Trauen und Wagen auf Gott geworden ist oder werden will? So glauben, dass du nicht rechts und links siehst, sondern auf Gott hin tust, was du tun musst? So glauben, dass du Gott gehorchst? Kannst du glauben? Wenn du glauben könntest, ja, dann wäre die Hilfe schon da. Dann ist dir nichts mehr unmöglich.
Wie oft graust es uns dann vor unserer eigenen Glaubenslo-

sigkeit! Ach, wenn ich nur glauben könnte! Am Krankenbett, am Totenbett, am Rand der Verzweiflung an mir und anderen schreit es förmlich in mir auf: Ach, wenn ich nur glauben könnte! Aber wenn wir das Leben eines Menschen, der im Glauben lebte und starb, sehen dürfen, wie es mir in diesen Wochen ging, als ich eine ergreifende Darstellung des Lebens des heiligen Franziskus sehen durfte – da werden wir so restlos davon überzeugt, dass dies der einzige Weg wäre, den es der Mühe wert wäre zu gehen. So einfach danach leben, was Christus von uns wollte, unbekümmert um das, was für uns persönlich daraus wird – dann packt es uns unwiderstehlich an: Wenn ich nur glauben könnte – ja, dann wäre wirklich alles in meinem Leben anders! Dann wäre ich frei. Dann wäre ich vielleicht sogar irgendwie glücklich. Dann gäbe es nichts Unmögliches mehr für mich. „Ich vermag alles durch den, der mich mächtig macht, Christus" [Phil 4,13].

Wir glauben ja an allerlei. Wir glauben sogar an viel zu viel. Wir glauben an die Macht. Wir glauben an uns selbst. Wir glauben an andere Menschen. Wir glauben an die Menschheit. Wir glauben an unser Volk. Wir glauben an unsere Religionsgemeinschaft. Wir glauben an neue Ideen. Aber wir glauben über dem allem an den einen nicht – an Gott. Und dieser Glaube an Gott würde uns nämlich den Glauben an alle die anderen Mächte nehmen, unmöglich machen. Wer an Gott glaubt, der glaubt in dieser Welt an nichts anderes, denn er weiß, es zerbricht und vergeht. Aber er braucht auch an nichts anderes zu glauben, denn er hat ja den, von dem alles kommt und in dessen Hände alles fällt. Wir kennen die Siege, die ein Mensch erringt, der wirklich an sich selbst glaubt, der an irgendeine Macht oder Idee dieser Erde glaubt, sodass er sich ihr gänzlich ergibt und lebt. Er vermag Übermenschliches, Unmögliches. Wie viel größere Siege müsste erst der erringen, dessen Glaube nicht nur ein subjektives Phantom, sondern der lebendige Gott selbst ist! Die Wunder Jesu, die Werke Jesu, sie waren ja nichts als sein Glaube! Wir sollten die sein, die so glauben. Und wie beschämt müssen wir auf unser Leben sehen angesichts dessen, was Menschen mit einem Glauben an diese Welt geschafft haben. Ach, wenn wir nur glauben könnten!

Warum können wir nicht glauben? Worin bestehen die Hindernisse? Es gibt darauf ebenso viele Antworten, wie es glaubenslose Menschen gibt. Bei einem soll es der Verstand, beim anderen mangelnde „religiöse Begabung" sein, beim dritten schwere Erlebnisse seines Lebens, allgemein: Pessimismus usw. Es gibt genug Gründe, die wir vorschieben, mit denen wir uns entschuldigen können. Daran fehlt es dem Menschen nie und wenn es ihm an allem anderen fehlte. Aber die einzig aufrichtige Antwort auf diese Frage heißt – weil wir im Grunde nicht glauben wollen. Ich weiß, wir sind beleidigt, wenn man uns das sagt. Wir sagen, wir hätten es wohl hundertmal in unserem Leben versucht zu glauben und wir wollten es wohl heute auch. Aber mit uns sei es nun ebenso besonders, dass wir wirklich einfach trotz bestem Willen nicht glauben könnten. Es ist nicht wahr, es ist Spiegelfechterei dies alles, vielleicht uns subjektiv nicht bewusst, aber wahr ist es doch. In allen diesen verzweifelten und krampfhaften Versuchen zu glauben wollten wir ihm gerade nicht glauben. Das heißt eben, wir wollten das nicht, was aber zum Glauben zuallererst gehört, nämlich uns selbst gänzlich aufgeben, uns gar nicht mehr sehen, unseren Geltungsdrang völlig töten und Gott allein gelten lassen und ihm so trauen und es auf ihn wagen. Aufgeben, was uns unangenehm war, aber nicht was uns lieb ist! Glauben heißt bedingungslos trauen und wagen. Dies wollten wir nicht. Wir wollten Bedingungen

machen, und darum war alles andere verfehlt und unwahr. Wir wollten nicht glauben.
Und wenn nun einer kommt und mit frommen Argumenten beweisen will, dass es eben doch nach der Schrift solche gebe, die Gott dazu vorherbestimmt habe, dass sie nicht glauben könnten, sondern Gefäße zur Unehre sein sollten [Röm 9,19-23], so wollen wir antworten: Das ist wohl wahr. Aber woher weißt du denn, dass du zu diesen gehörst? Wer hat dir das gesagt? Woher weißt du denn, dass es von dir nicht gerade Schuld ist, dass du dich weigerst zu glauben, wo Gott dich unaufhörlich ruft? Du willst glauben – nun gut, ist denn das nicht Ruf Gottes genug, dass du auch glauben sollst und auch glauben kannst, wenn du dich nur auf ihn verlässt? Wir wollen nicht glauben.
Aber Jesus sagt: Wenn du könntest glauben. Es liegt etwas Sehnsüchtiges und etwas unendlich Mitleidvolles in diesem Ausruf. Wenn du dich doch endlich entschlössest, den Schritt zu tun, den du dein ganzes Leben lang tun wolltest und doch nicht tatest, zu glauben. Wenn du dich doch ausliefertest, ganz einfach und in allem ganz Persönlichen und ganz Konkreten und Jesus über dich herrschen ließest.
Alle Dinge sind möglich dem, der da glaubt. Hier ist von einer unheilbaren Krankheit geredet, die durch den Glauben an die Macht Gottes wirklich soll gebrochen werden können und gebrochen wird. Wir stocken. Wir machen Ausflüchte: suggestive Einflüsse, unbewusste Psychotherapie – Christus sagt: Nein, dies alles nicht, sondern Glaube und Gott.
Alle Dinge – Menschen, die in geistigen Dingen zu Hause sind, wissen, dass nichts unmöglicher erscheint, als ein geistiges Gesetz, einen geistigen Zwang, der über einem Menschen liegt, zu zerbrechen, den Menschen in eine andere Richtung zu bringen als bisher. Jesus sagt: Alle Dinge. Menschen, die ein geistliches

Leben führen, wissen, dass wir völlig hoffnungslos gegen unsere Sünde, unsere Selbstsucht, unsere Schwäche ankämpfen, solange wir uns auf uns selbst verlassen. Kurze Zeit … dann wieder … Sie wissen, dass nichts verzweifelter ist als der Kampf des Menschen gegen die Sünde. – Jesus sagt, alle Dinge sind möglich dem, der da glaubt. Der härteste und verstockteste Sünder wird neu, wird frei von aller Angst, allem Krampf, aller bösen Gewohnheit, wo er nur glaubt, das heißt, wo er auf Gott sein Wagen und Trauen setzt. Der trübsinnigste Mensch wird fröhlich, der scheueste Mensch wird offen, der gleichgültigste und laueste Mensch wird erfüllt mit neuer Glut und neuem Leben. „Wenn du nur glauben könntest."

Alle Dinge sind möglich. – Wir denken an so viele Stunden, in denen wir glauben wollten, zu Gott gebetet und gerufen haben, er möge uns helfen, wenn es sein Wille ist – und uns wurde nicht geholfen, jedenfalls nicht so, wie wir erbaten – alle Dinge –, ist es auch wahr?

Heißt das nicht fast, dass der Glaube Gott zwingen kann? Ja, das heißt es in der Tat! Aber das ist ja das Unerhörte, dass Gott sich von unserem Glauben zwingen lassen will, nicht von unserem Klagen und Lamentieren und Sorgen und Seufzen, aber von unserem Glauben. Das scheint gotteslästerlich zu klingen. Aber kann es das denn sein? Hat denn nicht jeder wirkliche Glaube seine notwendige Grenze an Gottes Willen? Heißt denn Glaube etwas anderes, als Gottes Willen Raum lassen wollen über uns, über die Welt? Und kann denn ein einziges Ding unmöglich sein, wenn es Gottes Wille ist? Und wissen wir nicht sehr wohl, was Gottes Wille über unser Leben wäre? Wissen wir nicht sehr wohl, was Gottes Wille über unser Volk, über unsere Kirche wäre? Wollen wir nicht endlich im Glauben wagen, Gottes Willen an uns geschehen zu lassen?

… Ich glaube, lieber Herr, hilf meinem Unglauben. Die Verheißung, die Jesus dem Glauben gegeben hat, reißt den Vater des kranken Kindes über sich selbst hinaus, zwingt ihm den Glauben ab. Jesus selbst zwingt ihm den Glauben ab. Ich glaube, lieber Herr. – Ich glaube, was du sagst. Ich glaube, dass dein Wort und dein Versprechen Wahrheit ist. Ich glaube, wenn ich auf dich sehe, auf deine Worte höre und sehe. Aber wenn ich auf mich selbst sehe – lieber Herr, hilf meinem Unglauben. Da stürmt es gegen mich, da sträubt sich alles in mir gegen solche Verheißung, Vernunft, Geschichte, Welt, Erfahrung. „Hilf meinem Unglauben."

Wir sind nach unserem Glauben gefragt. Wir sind dazu aufgerufen. Ach, wenn du könntest glauben! Es ist uns eine Verheißung zugesprochen: Alle Dinge sind möglich. Können wir anders als im Blick auf solche Worte antworten: Ich glaube, lieber Herr? Und können wir anders, als im Blick auf unsere Natur zu beten: „Herr, hilf meinem Unglauben"? Aus diesem Zwiespalt kommt kein Mensch heraus. Glaubst du? Ich glaube, hilf meinem Unglauben, der täglich neu auch da ist. Wer will sagen, dass er glaubt angesichts der Anfechtung, die er stündlich erfährt? Herr, wir wollen es auf dein Wort wagen – aber nicht unser Glaube macht es, sondern du allein. Nicht wir, nicht einmal unser Glaube, sondern du. Dir ist kein Ding unmöglich. Herr, hilf meinem Unglauben! Amen.

Dietrich Bonhoeffer

Der Hauptmann von Kafarnaum

Als er nach Kafarnaum kam, trat ein Hauptmann an ihn heran und bat ihn: Herr, mein Diener liegt gelähmt zu Hause und hat große Schmerzen. Jesus sagte zu ihm: Ich will kommen und ihn heilen. Und der Hauptmann antwortete: Herr, ich bin es nicht wert, dass du unter mein Dach einkehrst; aber sprich nur ein Wort, dann wird mein Diener gesund! Denn auch ich muss Befehlen gehorchen und ich habe selbst Soldaten unter mir; sage ich nun zu einem: Geh!, so geht er, und zu einem andern: Komm!, so kommt er, und zu meinem Diener: Tu das!, so tut er es. Jesus war erstaunt, als er das hörte, und sagte zu denen, die ihm nachfolgten: Amen, ich sage euch: Einen solchen Glauben habe ich in Israel noch bei niemandem gefunden. Ich sage euch: Viele werden von Osten und Westen kommen und mit Abraham, Isaak und Jakob im Himmelreich zu Tisch sitzen; aber die Söhne des Reiches werden hinausgeworfen in die äußerste Finsternis; dort wird Heulen und Zähneknirschen sein. Und zum Hauptmann sagte Jesus: Geh! Es soll dir geschehen, wie du geglaubt hast. Und in derselben Stunde wurde sein Diener gesund.
Matthäus 8,5-13

Eine eigentümliche Begegnung ist das: Sie ist ebenso überraschend wie folgenreich, denn sie sprengt den Rahmen des Normalen. Normal wäre gewesen, dass sich kein Heide in römischem Dienst in seiner Not an den Juden Jesus wendet. Und ebenso normal wäre es gewesen, wenn Jesus diesem Heiden aus dem Weg gegangen wäre, um sich bloß nicht zu verunreinigen. Beide mochten auf engem Raum in Kapernaum am See

Gennesaret leben und wären sich doch normalerweise nie begegnet. Der eine hatte mit dem anderen nichts zu tun! Welten trennten sie. Zu unterschiedlich war die Herkunft, zu unterschiedlich die gesellschaftliche Zugehörigkeit, zu unterschiedlich die Religion.

Aber ausgerechnet diesmal verläuft nicht alles nach dem gewohnten Schema, wonach man Andersgläubige besser meidet und lieber unter sich bleibt. Das macht dieses Aufeinandertreffen so denkwürdig. Hier geht es nicht um eine gelehrte Auseinandersetzung über die richtige Gottesauffassung, erst recht nicht um religiöse Rechthaberei, sondern was den heidnischen Hauptmann und Jesus zusammenbringt, ist eine himmelschreiende Notlage: Es sind die Qualen eines Menschen, der hilflos unter seiner Krankheit leidet und dem auch sein Herr und Vorgesetzter, der sonst über alles Mögliche zu befehlen hat, nicht helfen kann. Militärische Macht erweist sich angesichts des Leidens eines Menschen als völlig ohnmächtig. Die Verhältnisse kehren sich um: Der machtgewohnte Hauptmann stößt an seine Grenzen.

Eigentlich beginnt hier schon das Wunder: Denn dieser ranghohe Soldat gesteht sich ein, dass er nichts, aber auch gar nichts ausrichten kann, wenn es um die Krankheit seines Bediensteten geht. Er, der sonst ohne mit der Wimper zu zucken Befehle erteilt und selbstverständlich davon ausgeht, dass sie auch befolgt werden, wandelt sich in einen Menschen, der bittet – und zwar ohne die Aussicht, dass seine Bitte überhaupt erhört wird. Er geht auf Jesus zu. Alles, nur das nicht, hätte man von einem römischen Befehlshaber erwarten dürfen. Der Vertreter der Besatzungsmacht setzt sich der Gefahr aus, sich vollends lächerlich und untragbar zu machen. Aber in der konkreten Not zählen die Konventionen und Etikette nicht mehr. Da geht es ums

nackte Leben. Da fallen alle Insignien äußerer Macht und alle Rangstufen in sich zusammen. Im Angesicht des Leids sind wir alle gleich!
Ebenso unverhofft geht das Wunder weiter: Denn Jesus wendet sich keineswegs, wie zu erwarten wäre, von dem heidnischen Hauptmann ab. Erzählt uns nicht das gleiche Matthäusevangelium, dass Jesus ungemein harsch eine kanaanäische Frau anfahren konnte, als die ihn um Hilfe für ihre Tochter anfleht: „Ich bin nur gesandt zu den verlorenen Schafen des Hauses Israel"? Das hätte er hier genauso sagen können! Aber er tut es nicht, sondern erklärt scheinbar ohne langes Zögern: Ja, ich komme. Ich mache deinen Knecht gesund.
Es mag uns seltsam vorkommen, dass der römische Soldat nicht unmittelbar darauf eingeht. Dann wäre doch alles klar gewesen. Aber er scheint zu wissen, dass sich ein Jude verunreinigt, wenn er das Haus eines Heiden betritt. Also: Das muss nicht sein, wenn es doch genügt, dass Jesus auch aus der Ferne heraus das heilende Wort spricht. Und der Hauptmann legt es Jesus geradezu nahe, indem er darauf verweist, dass es doch auch in seinem militärischen Erfahrungsbereich vollkommen ausreiche, wenn man einen Befehl gibt: Dann würde der befolgt. Ein Kommandant sagt, was geschehen soll – und es geschieht. Das ist Macht! Und Jesus hat doch Macht – eine andere als er, gewiss, dafür aber die Macht, Kranke gesund zu machen, oder? Sonst würde sich der Hauptmann sich doch nicht in seiner Not geradezu entblößen und sich mit seiner Bitte an Jesus wenden, wo man ansonsten als Besatzungsmacht eher verächtlich auf die Juden herabschaut!
Darin liegt ein großes Zutrauen – und es ist ein kühner Sprung, von der eigenen Lebenserfahrung als Soldat mit Befehl und Gehorsam auf Jesu Vollmacht auch über die Krankheit zu schlie-

ßen. Aber genau dieses fast blinde und doch zugleich starke Vertrauen ist es, das Jesus beeindruckt: Ausgerechnet an einem Ungläubigen zeigt sich, was Glauben heißt: nämlich alle eigenen Sicherheiten aufzugeben, um sich ganz auf Jesus zu verlassen.

Nur wer die eigene Ohnmacht eingesteht, wird fähig, Jesu Macht zuzulassen. Erst müssen die Hände leer sein, wirklich leer, um sie sich von ihm füllen lassen zu können.

Das größte Wunder in dieser wunderbaren Geschichte ist darum eigentlich nicht die Heilung, die dann eintritt, sondern dieser große Glaube, der Jesus ausgerechnet in Gestalt eines römischen Hauptmanns begegnet und der ihn nun auch seinerseits veranlasst, die Grenzen zu überschreiten Nein, Jesus rettet nicht nur die verlorenen Schafe Israels, sondern lässt sich vom Glauben derer bewegen, denen die Verheißung nicht galt und die doch glauben.

Darin liegt der Grund, warum uns diese Erzählung überliefert worden ist. Es geht in ihr um Zweierlei: um den Glauben als ein konkretes Vertrauen in die Macht Jesu, der selbst der Tod nichts anhaben kann und die sich als stärker erweist als alles Leid dieser Welt, und es geht zugleich um den Glauben, der uns hinstellt in die große Gemeinschaft derer, denen das Reich Gottes verheißen ist, also um den Wegfall aller Beschränkung im Blick auf Gottes Heil. Dafür steht Jesus ein: An der Geschichte vom Hauptmann von Kapernaum und seinem Glauben wird deutlich, dass Gott sein Heil nicht nur den Juden, sondern wirklich allen Menschen schenkt und dass niemand davon ausgeschlossen sein muss.

Und damit sind wir unmittelbar bei uns als Christen! Die Geschichte damals war für die ersten Gemeinden Ausdruck der Erfahrung, dass in der Kirche Jesu Christi die überlieferten Abschottungen und Grenzziehungen zwischen Juden und Heiden überwunden sind und das neue Volk Gottes viel weiter zu fassen ist. Der Hauptmann von Kafarnaum steht für uns alle, denen Gottes Verheißungen nur deshalb gelten, weil Jesus den Bogen weiter spannt als nur bezogen auf das Volk Israel. Der heidnische Soldat ist einer der Ersten, die das erfahren durften: Gottes Heil ist universal, es umfasst die ganze Welt. Und wer das für sich gelten lässt, der erfährt dann auch das Wunder der einen, weltweiten, für alle Menschen offenen Kirche, in der wir zu Hause sein können – vereint aus Ost und West, aus Nord und Süd in dem Glauben an die Vollmacht Jesu Christi und in der Gemeinschaft an seinem Tisch trotz allem, was uns immer noch untereinander trennen mag. Wir gehören dazu! Das verdanken wir Jesus. Aber wir verdanken es auch jenen, die es schon damals wagten, in ihrer Not die eigenen, selbst gesetzten Schranken zu durchbrechen und sich ihm anzuvertrauen. Deshalb gehört der namenlose Hauptmann von Kafarnaum mitten ins Evangelium, mitten in die Frohe Botschaft!

Für mich ist es darum auch sehr sachgemäß, dass die römisch-katholische Kirche die Erinnerung an diese Begebenheit und an den großen Glauben des römischen Soldaten bis in die Gegenwart hinein in jedem Gottesdienst bewahrt: Bevor in der Kommunion das Sakrament des Leibes Christi ausgeteilt wird, sprechen Gemeinde und Priester gemeinsam die Worte: „Herr, ich bin nicht würdig, dass du eingehst unter mein Dach, aber sprich nur ein Wort, so wird meine Seele gesund." Darin kommt dieses völlige Zutrauen, der bedingungslose Glaube zum Ausdruck, der jenen Hauptmann auszeichnete und bewegte – und der auch uns, wenn wir es nur wagen, Jesu Macht erfahren lässt. Um beides geht es also: um unser grenzenloses Vertrauen – und die Erfahrung einer grenzenlosen Gemeinschaft, in die wir hineingestellt sind und die nicht nur hier auf Erden sichtbar wird, sondern die sich nach Jesu Verheißung in Gottes Ewigkeit vollendet: „Viele werden kommen von Osten und von Westen und mit Abraham und Isaak und Jakob im Himmelreich zu Tisch sitzen." Das ist eine wunderbare Perspektive. Wie schön, dass auch wir dazugehören dürfen!

Prof. Dr. Martin Hein

Nachdem Jesus alle seine Worte dem Volk zu Gehör gebracht hatte, ging er nach Kafarnaum. Ein Hauptmann hatte einen Diener, den er sehr schätzte, der war krank und lag im Sterben. Als der Hauptmann aber von Jesus hörte, schickte er jüdische Älteste zu ihm mit der Bitte, zu kommen und seinen Diener zu retten. Sie gingen zu Jesus und baten ihn inständig. Sie sagten: Er verdient es, dass du seine Bitte erfüllst; denn er liebt unser Volk und hat uns die Synagoge gebaut. Da ging Jesus mit ihnen. Als er nicht mehr weit von dem Haus entfernt war, schickte der Hauptmann Freunde und ließ ihm sagen: Herr, bemüh dich nicht! Denn ich bin es nicht wert, dass du unter mein Dach einkehrst. Deshalb habe ich mich selbst auch nicht für würdig gehalten, zu dir zu kommen. Aber sprich nur ein Wort, dann wird mein Diener gesund. Denn auch ich muss Befehlen gehorchen und ich habe selbst Soldaten unter mir; sage ich nun zu einem: Geh!, so geht er, und zu einem andern: Komm!, so kommt er, und zu meinem Diener: Tu das!, so tut er es. Jesus war erstaunt über ihn, als er das hörte. Und er wandte sich um und sagte zu den Leuten, die ihm folgten: Ich sage euch: Einen solchen Glauben habe ich in Israel nicht gefunden. Und als jene, die der

Hauptmann geschickt hatte, in das Haus zurückkehrten, stellten sie fest, dass der Diener gesund war.
Lukas 7,1-10

Die Auferweckung des Lazarus

Da wurde Jesus wiederum innerlich erregt und er ging zum Grab. Es war eine Höhle, die mit einem Stein verschlossen war.
Jesus sagte: Nehmt den Stein weg! Marta, die Schwester des Verstorbenen, sagte zu ihm: Herr, er riecht aber schon, denn es ist bereits der vierte Tag. Jesus sagte zu ihr: Habe ich dir nicht gesagt: Wenn du glaubst, wirst du die Herrlichkeit Gottes sehen? Da nahmen sie den Stein weg. Jesus aber erhob seine Augen und sprach: Vater, ich danke dir, dass du mich erhört hast. Ich wusste, dass du mich immer erhörst; aber wegen der Menge, die um mich herumsteht, habe ich es gesagt, damit sie glauben, dass du mich gesandt hast. Nachdem er dies gesagt hatte, rief er mit lauter Stimme: Lazarus, komm heraus! Da kam der Verstorbene heraus; seine Füße und Hände waren mit Binden umwickelt und sein Gesicht war mit einem Schweißtuch verhüllt. Jesus sagte zu ihnen: Löst ihm die Binden und lasst ihn weggehen!
Von diesem Tag an waren sie entschlossen, ihn zu töten.
Johannes 11,38-44.53

Ich stelle mir das bildlich vor: Viele Leute sind auf dem Friedhof. Ich stehe ganz hinten, letzte Reihe. Weiter vorne sagt ein junger Wanderprediger ziemlich laut und energisch: „Lazarus, komm heraus!“ Und der, im Totenhemd und schon seit vier Tagen begraben, wankt uns entgegen.
Nein. Das wäre nichts für mich. Und die „frohe Botschaft“ wäre das schon gar nicht. Das wäre ein panischer Schrecken. Der Schock meines Lebens wäre das. Der Schock meiner Vorstellung von Leben. Von Tod auch.

Was will Jesus mit dieser ungeheuerlichen Geschichte? Ich blättere und lese weiter. Kein Hinweis auf das zweite, das neu geschenkte Leben des Lazarus. Kein Satz davon, wie Maria und Marta mit dem Bruder weiterleben, wie die Angestellten ihm begegnen und was sein Hausarzt dazu sagt. Dabei würde mich wirklich am allermeisten interessieren: Wie hat dieser Mensch anschließend gelebt? Mir fällt auf, dass er ja alle Todesängste noch einmal durchmachen müsste, dass Jesus ihm zumuten würde, nach einer Verlängerung seiner Jahre ein zweites Mal zu sterben. Denn ewiges Leben als pure Unsterblichkeit ist in der Bibel nicht gemeint.
Lazarus kommt heraus. Aus einer Höhle, den Körper umwickelt mit Binden und Tüchern, zu einem Zeitpunkt, an dem sein Fleisch bereits verwest gestunken hat. Ich denke an die erste Zeile des Glaubensbekenntnisses: „Ich glaube an Gott, den Allmächtigen ..." Dem widerspricht auch nicht, wer den Schlüssel zu diesem schwierigen Text bei Johannes sucht, wo Jesus erklärt: „Ich bin die Auferstehung und das Leben" (V. 25). Eine Lebendigkeit, die immer auferweckt wird: Wenn wir mit ihm reden, uns ihm anvertrauen, Vergebung annehmen und üben. Jesu Machtwort vor der Grabhöhle schockiert den Tod: Christus lebt – mit ihm auch wir.

Veronika Besau

Die Auferweckung der Tochter des Jaïrus

Jesus fuhr wieder ans andere Ufer hinüber und eine große Menschenmenge versammelte sich um ihn. Während er noch am See war, kam einer der Synagogenvorsteher namens Jaïrus zu ihm. Als er Jesus sah, fiel er ihm zu Füßen und flehte ihn um Hilfe an; er sagte: Meine Tochter liegt im Sterben. Komm und leg ihr die Hände auf, damit sie geheilt wird und am Leben bleibt! Da ging Jesus mit ihm. Viele Menschen folgten ihm und drängten sich um ihn.
Während Jesus noch redete, kamen Leute, die zum Haus des Synagogenvorstehers gehörten, und sagten: Deine Tochter ist gestorben. Warum bemühst du den Meister noch länger? Jesus, der diese Worte gehört hatte, sagte zu dem Synagogenvorsteher: Fürchte dich nicht! Glaube nur! Und er ließ keinen mitkommen außer Petrus, Jakobus und Johannes, den Bruder des Jakobus. Sie gingen zum Haus des Synagogenvorstehers. Als Jesus den Tumult sah und wie sie heftig weinten und klagten, trat er ein und sagte zu ihnen: Warum schreit und weint ihr? Das Kind ist nicht gestorben, es schläft nur. Da lachten sie ihn aus. Er aber warf alle hinaus und nahm den Vater des Kindes und die Mutter und die, die mit ihm waren, und ging in den Raum, in dem das Kind lag. Er fasste das Kind an der Hand und sagte zu ihm: Talita kum!, das heißt übersetzt: Mädchen, ich sage dir, steh auf! Sofort stand das Mädchen auf und ging umher. Es war zwölf Jahre alt. Die Leute waren ganz fassungslos vor Entsetzen. Doch er schärfte ihnen ein, niemand dürfe etwas davon erfahren; dann sagte er, man solle dem Mädchen etwas zu essen geben.
Markus 5,21-24.35-43

Jesus Christus ist stärker als der Tod! Das will die alte Wundergeschichte uns verkündigen: Das ist christliche Ostererfahrung. Wie gewinnt Osterglaube in meinem Leben Gestalt? Wie kann ich meine Ostererfahrung in Worte fassen?

Während ich von der Glaubenserfahrung des Jaïrus lese, denke ich an meine schwarzafrikanische Freundin Alice. In den letzten vier Jahren hat sie drei ihrer Kinder sterben sehen, zwei davon im letzten Jahr. Nach dem Tod der fünfzehnjährigen Akuzike schreibt sie am Krankenbett der anderen Tochter: „Wusstest du, dass der Name Akuzike bedeutet: Gott sei gepriesen? Nun weiß ich, was das bedeutet. Gott will, dass wir ihn preisen und ihm danken in allen Dingen. Dies ist der Weg, auf dem wir seine Liebe kennen und begreifen lernen. Gott sei gepriesen."

Alice schreibt, sie leide furchtbar. Aber sie kann auch schreiben: „Wir danken Gott für seine tägliche Hilfe." Alice schreibt von der Liebe Gottes, in der sie ihre Kinder aufgehoben weiß. Sie schreibt, wie Bibelworte ihr Kraft geben. Sie schreibt, wie sie Gottes Liebe erkennt im Beistand vieler Menschen in vielen kleinen alltäglichen Dingen.

„Fürchte dich nicht, glaube nur!" Alice erlebte keine Totenauferweckung. Aber sieht ihre Erfahrung mit der Verheißung Jesu wirklich anders aus als die des Jaïrus? Die alte Wundergeschichte will ja gerade dies zeigen: Erst durch Todeserfahrung hindurch wird erfahrbar, was das bedeutet: „Fürchte dich nicht, glaube nur!" Erst in der Begegnung mit Jesu Wort wird der Tod zum „Schlaf" – eine außerhalb des Glaubens lächerliche Behauptung. Tod – und dennoch Leben! Wer kann dieses Wunder ergründen?

Welche Ostererfahrungen mögen noch vor mir liegen? Wunder der Bewahrung vor allem Bösen oder Wunder der Bewahrung in allem Bösen? Fürchte dich nicht, glaube nur!

Almuth Voll

Der dankbare Samariter

Und es geschah auf dem Weg nach Jerusalem: Jesus zog durch das Grenzgebiet von Samarien und Galiläa. Als er in ein Dorf hineingehen wollte, kamen ihm zehn Aussätzige entgegen. Sie blieben in der Ferne stehen und riefen: Jesus, Meister, hab Erbarmen mit uns! Als er sie sah, sagte er zu ihnen: Geht, zeigt euch den Priestern! Und es geschah, während sie hingingen, wurden sie rein. Einer von ihnen aber kehrte um, als er sah, dass er geheilt war; und er lobte Gott mit lauter Stimme. Er warf sich vor den Füßen Jesu auf das Angesicht und dankte ihm. Dieser Mann war ein Samariter. Da sagte Jesus: Sind nicht zehn rein geworden? Wo sind die neun? Ist denn keiner umgekehrt, um Gott zu ehren, außer diesem Fremden? Und er sagte zu ihm: Steh auf und geh! Dein Glaube hat dich gerettet.
Lukas 17,11-19

Das Evangelium lädt uns ein, mit Staunen und Dankbarkeit die Gaben Gottes anzuerkennen. Auf dem Weg, der ihn zum Tod und zur Auferstehung führt, trifft Jesus zehn Aussätzige, die ihm entgegenkommen. Sie bleiben in der Ferne stehen und schreien ihr Übel vor jenem Mann heraus, den ihr Glaube als möglichen Retter erahnt: „Jesus, Meister, hab Erbarmen mit uns!" (V. 13). Sie sind krank. Sie suchen jemand, der sie heilt. Jesus antwortet und sagt ihnen, zu den Priestern zu gehen und sich ihnen zu zeigen. Nach dem Gesetz des Mose hatten die Priester nämlich die Aufgabe, eine eventuelle Heilung festzustellen. Auf diese Weise beschränkt Jesus sich nicht darauf, ein Versprechen zu geben, sondern stellt ihren Glauben auf die Probe. Zu diesem

Zeitpunkt sind die zehn nämlich noch nicht geheilt. Sie erlangen die Gesundheit erst auf dem Weg zurück, nachdem sie dem Wort Jesu gehorcht haben. Alle zeigen sich voller Freude den Priestern und gehen dann ihre Wege, wobei sie aber den Geber vergessen, also den Vater, der sie durch seinen Mensch gewordenen Sohn Jesus geheilt hat.

Nur einer macht eine Ausnahme: ein Mann aus Samarien, ein Fremder, der an den Rändern des auserwählten Volkes lebt, fast ein Heide! Dieser Mann gibt sich nicht damit zufrieden, die Heilung mittels des eigenen Glaubens erhalten zu haben, sondern sorgt dafür, dass jene Heilung auch zu ihrer Vollendung kommt. Er kehrt zurück, um seinen Dank für die empfangene Gabe zu bekunden. So erkennt er Jesus als den wahren Priester an, der ihn – nachdem er ihn aufgerichtet und geheilt hat – auf den Weg bringt und in seine Jüngerschaft ruft.

Dank sagen und Lob darbringen können für das, was der Herr für uns tut – wie ist das wichtig! Und dabei mögen wir uns fragen: Sind wir fähig, Danke zu sagen? Wie oft sagen wir in der Familie Danke, in der Gemeinschaft oder in der Kirche? Wie oft sagen wir jemandem Danke, der uns hilft, der uns nahe ist oder der uns im Leben begleitet? Oft nehmen wir alles als selbstverständlich hin. Und das geschieht auch mit Gott. Es ist leicht, zu Gott zu gehen, um etwas zu erbitten. Aber zurückzukehren, um sich zu bedanken …? Deshalb unterstreicht Jesus mit Nachdruck das Ausbleiben der neun undankbaren Aussätzigen: „Es sind doch alle zehn rein geworden. Wo sind die übrigen neun? Ist denn keiner umgekehrt, um Gott zu ehren, außer diesem Fremden?“ (Lk 17,17-18).

Nur wer Danke zu sagen vermag, erfährt Freude in Fülle. Um Danke sagen zu können bedarf es auch der Demut.

Es ist bedeutsam, dass der Mann aus Samaria ein Fremder ist.

Wie viele Fremde, auch Menschen anderer Religionen, geben uns ein Beispiel für die Werte, die wir manchmal vergessen oder vernachlässigen. So mancher, der neben uns lebt und vielleicht gering geschätzt oder ausgegrenzt wird, weil er ein Fremder ist, kann uns jedoch beibringen, wie wir auf dem Weg gehen sollen, den der Herr will. Lernen wir immer zu Jesus zurückzukommen, um ihm Danke zu sagen für so viele Wohltaten seiner Barmherzigkeit!

Papst Franziskus

Die Heilung des blinden Bartimäus

Sie kamen nach Jericho. Als er mit seinen Jüngern und einer großen Menschenmenge Jericho wieder verließ, saß am Weg ein blinder Bettler, Bartimäus, der Sohn des Timäus. Sobald er hörte, dass es Jesus von Nazaret war, rief er laut: Sohn Davids, Jesus, hab Erbarmen mit mir! Viele befahlen ihm zu schweigen. Er aber schrie noch viel lauter: Sohn Davids, hab Erbarmen mit mir! Jesus blieb stehen und sagte: Ruft ihn her! Sie riefen den Blinden und sagten zu ihm: Hab nur Mut, steh auf, er ruft dich. Da warf er seinen Mantel weg, sprang auf und lief auf Jesus zu. Und Jesus fragte ihn: Was willst du, dass ich dir tue? Der Blinde antwortete: Rabbuni, ich möchte sehen können. Da sagte Jesus zu ihm: Geh! Dein Glaube hat dich gerettet. Im gleichen Augenblick konnte er sehen und er folgte Jesus auf seinem Weg nach.
Markus 10,46-52

Das Wunder der Heilung des blinden Bartimäus hat im Aufbau des Markusevangeliums einen besonderen Platz. Es steht nämlich am Ende des Abschnittes, der als der „Weg nach Jerusalem" bezeichnet wird, das heißt die letzte Pilgerreise Jesu in die Heilige Stadt zum Paschafest beschreibt, wo ihn, wie er weiß, Leiden, Tod und Auferstehung erwarten. Um vom Jordantal aus nach Jerusalem hinaufzugehen, kommt Jesus durch Jericho, und die Begegnung mit Bartimäus ereignet sich am Ausgang der Stadt, „als er", wie der Evangelist anmerkt, „mit seinen Jüngern und einer großen Menschenmenge Jericho wieder verließ" (10,46).

Es ist jene Menschenmenge, die bald darauf Jesus bei seinem Einzug in Jerusalem als Messias bejubelte. Am Straßenrand saß also der Bettler Bartimäus, der „Sohn des Timäus" – so erklärt der Evangelist den Namen. Das gesamte Markusevangelium ist ein Weg des Glaubens, der sich schrittweise unter der Anleitung Jesu entfaltet. Die Jünger sind die ersten Protagonisten dieser Entdeckungsreise, doch es gibt auch andere Personen, die dabei eine wichtige Rolle spielen, und einer von ihnen ist Bartimäus. Seine Heilung ist die letzte Wunderheilung, die Jesus vor seinem Leiden vollzieht, und nicht zufällig ist es die eines Blinden, eines Menschen also, dessen Augen das Licht verloren haben. Auch aus anderen Texten wissen wir, dass der Zustand der Blindheit in den Evangelien reich an Bedeutung ist. Er steht für den Menschen, der das Licht Gottes, das Licht des Glaubens braucht, um die Realität wirklich zu erkennen und auf dem Weg des Lebens zu gehen. Es ist wesentlich, sich die eigene Blindheit, den Bedarf an diesem Licht einzugestehen, sonst bleibt man für immer blind (vgl. Joh 9,39-41).
Bartimäus wird also an diesem strategischen Punkt der Erzählung als Modell vorgestellt. Er ist nicht von Geburt an blind, sondern hat das Sehvermögen verloren: Er ist der Mensch, der das Licht verloren hat und sich dessen bewusst ist, der aber nicht die Hoffnung verloren hat, sondern die Gelegenheit einer Begegnung mit Jesus zu ergreifen weiß und sich ihm anvertraut, um geheilt zu werden. Als er nämlich hört, dass der Meister auf seinem Weg vorbeikommt, ruft er: „Sohn Davids, Jesus, hab Erbarmen mit mir!" (Mk 10,47), und wiederholt dies mit Nachdruck (V. 48). Und als Jesus ihn ruft und ihn fragt, was er von ihm erbitte, antwortet er: „Rabbuni, ich möchte wieder sehen können!" (V. 51). Bartimäus steht für den Menschen, der das eigene Übel erkennt und im Vertrauen, geheilt zu werden, den

Herrn anruft. Seine einfache und ehrliche Bitte ist beispielhaft und in der Tat – wie jene des Zöllners im Tempel: „Gott, sei mir Sünder gnädig!" (Lk 18,13) – in die Tradition des christlichen Betens eingegangen. In der gläubigen Begegnung mit Christus gewinnt Bartimäus das verlorene Licht zurück und mit ihm seine volle Würde: Er erhebt sich und nimmt seinen Weg wieder auf; von jenem Moment an hat er einen, der ihn führt, Jesus, und einen klaren Kurs, denselben, den Jesus beschreitet. Der Evangelist sagt uns dann nichts mehr über Bartimäus, doch in ihm stellt er uns vor Augen, wer der wahre Jünger ist: derjenige, der mit dem Licht des Glaubens Jesus „auf seinem Weg" folgt (V. 52).

Der heilige Augustinus macht in einer seiner Schriften eine ganz eigene Beobachtung zur Gestalt des Bartimäus, eine Beobachtung, die auch für uns heute interessant und bedeutungsvoll sein kann. Der heilige Bischof von Hippo denkt über die Tatsache nach, dass Markus in diesem Fall nicht nur den Namen des Geheilten nennt, sondern auch den seines Vaters, und kommt zu dem Schluss, dass „Bartimäus, der Sohn des Timäus, eine Persönlichkeit war, die aus sehr großem Wohlstand herausgefallen war. Seine Notlage musste allgemein bekannt sein, da er nicht nur blind war, sondern am Straßenrand saß und bettelte. Darum wollte Markus nur ihn erwähnen: Dass er es war, der das Augenlicht wiedererlangt hatte, verlieh dem Wunder eine Resonanz, die ebenso groß war wie das Gerede über das Unglück, das dem Blinden zugestoßen war." So weit Augustinus.

Diese Interpretation, dass Bartimäus ein Mensch sei, der aus einer Situation „großen Wohlstands" herausgefallen ist, gibt uns zu denken; sie will uns bewusst machen, dass es kostbare Schätze für unser Leben gibt, die wir verlieren können und die nicht materieller Art sind. Aus dieser Sicht könnte Bartimäus für die-

jenigen stehen, welche in Gebieten alter christlicher Tradition leben, wo das Licht des Glaubens schwach geworden ist, und die sich von Gott entfernt haben, ihn nicht mehr als für das Leben wichtig ansehen: Menschen, die daher einen großen Schatz verloren haben, aus einer hohen Würde – nicht der wirtschaftlichen Situation oder der irdischen Macht, sondern des Christentums – „herausgefallen" sind; Menschen, welche die sichere und feste Lebensorientierung verloren haben und – oft unbewusst – zu Bettlern um den Sinn des Lebens geworden sind. Es sind die vielen, die einer neuen Evangelisierung bedürfen, d. h. einer neuen Begegnung mit Jesus Christus, dem Sohn Gottes (vgl. Mk 1,1), der ihnen wieder die Augen öffnen und den Weg weisen kann.
Nachdem Bartimäus von Jesus das Augenlicht zurückerhalten hatte, schloss er sich der Jüngerschar an, unter denen es sicher noch andere gab, die wie er vom Meister geheilt worden waren. Ebenso sind die neuen Glaubensboten: Es sind Menschen, die die Erfahrung gemacht haben, durch Jesus Christus von Gott geheilt worden zu sein. Und ihr charakteristisches Merkmal ist eine Herzensfreude, die mit dem Psalmisten sagt: „Großes hat der Herr an uns getan. Da waren wir fröhlich" (Ps 126,3).

Papst Benedikt XVI.

Er hat unsere Krankheit auf sich geladen

Vor seinen Augen wuchs er auf wie ein junger Spross, wie ein Wurzeltrieb aus trockenem Boden. Er hatte keine schöne und edle Gestalt, sodass wir ihn anschauen mochten. Er sah nicht so aus, dass wir Gefallen fanden an ihm. Er wurde verachtet und von den Menschen gemieden, ein Mann voller Schmerzen, mit Krankheit vertraut. Wie einer, vor dem man das Gesicht verhüllt, war er verachtet; wir schätzten ihn nicht. Aber er hat unsere Krankheit getragen und unsere Schmerzen auf sich geladen. Wir meinten, er sei von Gott geschlagen, von ihm getroffen und gebeugt. Doch er wurde durchbohrt wegen unserer Vergehen, wegen unserer Sünden zermalmt. Zu unserem Heil lag die Züchtigung auf ihm, durch seine Wunden sind wir geheilt.
Jesaja 53,2-5

Wunden gehören zu unserem Leben. Keiner geht unverwundet durchs Leben, auch wenn das immer noch der unausrottbare Traum der Menschheit ist: Siegfried, der in Drachenblut badet, um unverwundbar zu sein. Aber auch bei ihm gab es die eine Stelle, verwundbar; der Fleck auf der Schulter, auf den das Lindenblatt fiel, sodass das Drachenblut sie nicht bedecken konnte. Wunden: von den täglichen Kratzern bis hin zu den schwereren Wunden, die tiefer gehen, die nur langsam ausheilen oder gar nicht mehr, weil man sich wund liegt. Wie viele Verwundete sehen wir alltäglich durch die Nachrichten – lebensgefährlich, unrettbar Verwundete, tödlich Ausblutende. Wo uns jemand seine Wunden zeigt, schrecken wir zurück, sei es aus Mitgefühl, sei es, weil wir den Schmerz fürchten, den wir selbst empfinden würden, wenn wir in dieser Situation wären. Und: Wir leben wieder in einem Zeitalter, wo man Angst hat, durch Wunden angesteckt zu werden: Da heißt es: Abstand halten, auf Nummer sicher gehen.

Und dann sind da noch die seelischen Wunden. Wie viele Wunden dieser Art wurden uns, der Kirche und der ganzen Gesellschaft, in den letzten Wochen gezeigt. Wunden, von denen selbst die Betroffenen dachten, sie seien nach Jahrzehnten, wenn nicht wirklich geheilt, so doch wenigstens vernarbt. Sie mussten schmerzlich feststellen, dass sie nur allzu leicht wieder aufbrechen: die Wunden derer, die sexuell misshandelt wurden. Denken wir aber auch an andere seelische Wunden: die Wunde ungerechter Behandlung, die Wunde, verlassen worden zu sein; die Wunde, gescheitert zu sein ... Dies alles sind Wunden, die nach Heilung rufen.

Hinschauen

Am Karfreitag schauen wir auf den zu Tode verwundeten Jesus am Kreuz. Wir wenden unseren Blick bewusst nicht ab, setzen uns dem Anblick aus, ja, machen die Wirkung des Anblicks noch stärker, indem wir den Verhüllten enthüllen. Wir gehen bei der Kreuzverehrung auf Tuchfühlung mit dem Gekreuzigten, suchen seine Nähe. Wenn wir es nicht schon so oft gemacht hätten, wäre uns spürbarer, wie unerhört das ist. Menschen suchen die Nähe eines Verwundeten, und sie suchen sie, nicht um ihm zu helfen (das wäre das Naheliegende), sondern um sich von ihm helfen, gar von ihm heilen zu lassen! Paradox – verrückt geradezu!

Die Heilige Schrift bringt es so auf den Punkt: „Durch seine

Wunden sind wir geheilt!“ (Jes 53,5). Die Lesung ist das letzte sog. vierte „Lied vom leidenden Gottesknecht“, das sich beim Propheten Jesaja findet. Wahrhaftig kein leichtfüßiges Lied, sondern ein dunkles, ein ernstes Lied. Schon die ersten christlichen Generationen haben das Geschick Jesu, seine Passion und seinen Tod von dem Gottesknecht, der da im Alten Testament besungen wird, her verstanden. In Jesus sahen sie das in Erfüllung gegangen, was der Prophet beschreibt. Von Jesus gilt: „Durch seine Wunden, die ihm in seiner Passion und am Kreuz zugefügt wurden, sind wir geheilt“ (vgl. 1 Petr 2,24).
Doch wie soll das gehen? Durch die Wunden eines anderen geheilt werden? Am ehesten so, dass man durch die Wunden eines anderen gerettet wurde, weil der sich schützend für mich in die Bresche geworfen und dabei Wunden abbekommen hat. Die Wunden als Zeichen der Solidarität des Retters mit dem Geretteten. Tatsächlich glauben wir, dass Jesus in einem unbeschreiblichen Maße solidarisch war mit allen Menschen: an ihrer Seite in der Freude, im Weinen, im Trauern, im Zorn. Wir glauben, dass er ganz eingetreten ist für die anderen. Er hat geholfen, geheilt und geteilt, wo er konnte. Jesus ist der Inbegriff des solidarischen Menschen.

Gott lässt sich verwunden

Aber das allein würde nicht reichen. Denn die Solidarität würde uns nicht heilen. Sie würde guttun, ja, aber nicht wirklich heilen. Die Wunden Jesu können nur heilend für uns sein, wenn wirklich Karfreitag und Weihnachten zusammengehören, d. h. wenn Gott wirklich Mensch geworden ist, wenn wir in Jesus wirklich an Gott anrühren. Dann und nur dann sind Jesu Wunden heilend. Dann sind die Wunden, die die Menschen Jesus willentlich zugefügt haben (es waren keine Unfallverletzungen!) heilend. Denn sie sagen: Gott steht offen für uns. Gott selbst lässt sich in Jesus treffen. Er lässt es zu, dass wir Menschen uns ihm so gewaltsam nähern. Er lässt die menschliche Bosheit und Aggression, die in ihrer Verzweiflung sogar gegen Gott anrennt, sich am Gekreuzigten regelrecht totlaufen. Gott gibt alles darum, damit wir bei ihm ankommen; bei ihm, dem Heil der Welt, damit wir ankommen und unsere Wunden, die erlittenen und die selbst verschuldeten, Heilung finden.

In den Wunden Jesu geschieht der Zugang zum Heil der Welt. Seine Wunden sind sozusagen offene Tore, durch die wir zum heilenden Grund der Welt gelangen; durch die das entgegenquillt, was alle Wunden dieser Erde heilen kann. „Einer der Soldaten stieß mit der Lanze in Jesu Seite, und sogleich floss Blut und Wasser heraus" (Joh 19,34). Die ersten Christen sahen darin den Quell von Eucharistie und Taufe, den Grundsakramenten der Kirche, die neues, heilig-heiles Leben schenken. Von daher versteht man, wie das Exsultet, das Osterlob, von der „glücklichen Schuld" sprechen kann: Weil Gott in den Wunden Jesu liebend allen menschlichen Hass und alle Gewalt umfängt, wird selbst die Schuld positiv gewendet: Sie stößt zum innersten Geheimnis Gottes vor.

Geborgen in den Wunden Jesu Christi

Einer der großen Heiligen der Kirche, der heilige Ignatius von Loyola, der seine innere seelische Heilung einer äußeren Verwundung verdankt, weil er auf dem Krankenlager seine eigentliche Bekehrung erfahren hat, tut das Kühnste, was ein Christ tun kann: Er bittet darum, in den Wunden Christi geborgen zu sein. Ignatius war davon überzeugt, dass Jesu Wunden so weit sind, dass alle menschlichen Wunden darin Platz haben und dass die Wunden Jesu die heilendsten Orte sind, die wir uns vorstellen können. Denn sie bringen uns geradewegs mit dem lebendigen Gott in Berührung.

Gebet des hl. Ignatius
(Gotteslob 6.7)

Seele Christi, heilige mich.
Leib Christi, rette mich.
Blut Christi, tränke mich.
Wasser der Seite Christi, wasche mich.
Leiden Christi, stärke mich.
O guter Jesus, erhöre mich.
Birg in deinen Wunden mich
Von dir lass nimmer scheiden mich.
Vor dem bösen Feind beschütze mich.
In meiner Todesstunde rufe mich,
zu dir zu kommen heiße mich,
mit deinen Heiligen zu loben dich
in deinem Reiche ewiglich. Amen.

Bischof Dr. Stephan Ackermann

Quellenverzeichnis

Bildnachweis
S. 6: © Ulrike Adam / Shutterstock, S. 12: © Jelenayukka / Fotolia, S. 18: © elnavegante / Shutterstock, S. 24: © Inga Tarasova / Shutterstock, S. 30: © ronnybas frimages / Shutterstock, S. 34, 56: © Gino Santa Maria / Shutterstock, S. 40: © GIS / Fotolia, S. 48: © kosmos111 / Fotolia, S. 60: © sommthink / Shutterstock, S. 64: © Pakhnyushchy / Shutterstock, S. 68: © photo.malte / Fotolia, S. 74: © artrachen / Fotolia.

Textnachweis
S. 13 ff.: Bischof Dr. Stefan Oster SDB „Segnungsgottesdienst mit der Bitte um Heil und Heilung", 13. März 2015
https: / / stefan-oster.de / segens-und-heilungsgottesdienst /
S. 19 ff.: Bischof Dr. Franz-Josef Overbeck, Predigt anlässlich 150 Jahre Marienhospital, Bottrop, 9. September 2018 © Alle Rechte beim Autor
S. 25 ff.: Anselm Grün, aus: „Jesus – Bild des Menschen" © 2001 Kreuz Verlag in der Verlag Herder GmbH, Freiburg i. Br.
S. 31 ff.: Sr. Teresa Zukic, aus: „Dir nahe sein ...", St. Benno Verlag, Leipzig
S. 35 ff.: Tomáš Halík, aus: „Geduld mit Gott" © 2010 Verlag Herder GmbH, Freiburg i. Br.
S. 49 ff.: Prof. Dr. Martin Hein, Bischof em., Predigt im Gottesdienst, 25. Januar 2009, St. Martin Kassel © Alle Rechte beim Autor
S. 57 ff.: Veronika Besau © Alle Rechte bei der Autorin
S. 61 ff.: Almuth Voll © Alle Rechte bei Friedrich-Karl Voll
S. 65 ff.: Papst Franziskus © Libreria Editrice Vaticana, Città del Vaticano
S. 69 ff.: Papst Benedikt XVI. © Libreria Editrice Vaticana, Città del Vaticano
S. 75 ff.: Stephan Ackermann, Leben heißt sich geben. Ein Begleiter durch die Fasten- und Osterzeit © Verlag Katholisches Bibelwerk GmbH, Stuttgart 2016, S. 106 f.

Bibeltexte:
Einheitsübersetzung der Heiligen Schrift, vollständig durchgesehene und überarbeitete Ausgabe

Wir danken allen Rechteinhabern für die freundlich erteilte Abdruckerlaubnis. Der Verlag hat sich bemüht, alle Rechteinhaber in Erfahrung zu bringen. Für zusätzliche Hinweise sind wir dankbar.